國殺

—kokusatu—

国が國を殺している

瓜田純士

竹書房

目次

警告にあたって

なぜ瓜田のような人間が、こういった社会の問題に口を挟むのか？　なぜ、こういう話題にわざわざ触れなくちゃいけないのか？

まず、いきなりそこで疑問に思った方がいると思う。「お前みたいな顔面タトゥー男に言われたくない」とイラつく人も多いことだろう。

当然だ。

しかし、瓜田だからこそ書けたともいえる。いや、「書きたかった」が正しいか。

ここでは極力シンプルに、書きたかった理由を伝えていきたい。

理由はいたって簡単なのだ。

僕は教科書や学ぶ場所さえ、みんなとは違う。そんな生き方を通してきた。

カッコよく言えば、街が教科書。カッコ悪く言えば、不良をしていたので、まともに勉強もせず、学ぶことから逃げ続けてきた。

逃げようとしても追いかけてくるのは、自分の傲慢なプライド。それに小さ過ぎる不良な世界で起こる、つまらない人間関係と誘惑だ。

はっきり言う。

まともに勉強して社会に出る人は、小さな不良世界の卑怯《ひきょう》な生き方よりも、はるかに強くてまっすぐだ。

自分に都合のいい言い訳を並べながら、都合よく生きてきたら、待っていたのは監獄や大怪我や失墜や転落だった。

だが、その代わりにかけがえのないものも手にした。

それは「経験」と「直感」。

「悪さを繰り返してきたから、過去を洗って更正したい」

「過去の自分の過ちを懺悔《ざんげ》したい」

そんな綺麗事《きれいごと》を並べた書籍やTVドキュメンタリーをよく見かけるが、僕にはそんなことを言うつもりは毛頭ない。

生意気を言わせてもらうと、遠回りをして、葛藤してきたからこそ、今の自分があると考えている。

今は一歩離れた場所から、本当に冷静に昔いた世界を見ることができる。

繰り返してきた結婚と離婚。暴力の連鎖。増え続けるタトゥー……。

どれだけ足掻《あが》いても、知りたくても、伝えたくても、自分の声は誰にも届くことがなく、「ただの不良が何をバカなこと言っているんだ?」という偏見の中、それでも書いて伝えることを貫いて十年ほどが経った。


はるか昔に暴力団員をしていた。

はるか昔に精神病棟にいた。

はるか昔に括腹自殺をはかり、気がついたらICUにいた。

三度の結婚と離婚を経て、数冊の著書を出版した。

現在はこの五冊目の書籍を出版する傍ら、四度目となる結婚で最愛の妻と新たな環境で暮らしている。

なくすものさえないような人生だった。全身の刺青以上に傷が多い人生だった。

だからこそ、今は人に優しくなれる。

歌舞伎町で生まれた僕は、どんなことをしてでも生きてやるという人たちに囲まれて育ち、そのせいで感性が人一倍鋭くなった部分がある。ニュースを観ていても、仲間と話していても、人よりも感じやすい性分なのだ。

人よりも感じやすいから、余計なおせっかいかもしれないが、大声で言わずにはいられない。主張せずにはいられない。そんな俺の主張をたくさん集めたのが、この本『國殺』だ。


かつて僕がいた世界は、臆病な生き方と卑怯な生き方に彩られていた。

思いきり弱くてダサい、そしてずるい場所が不良な世界であり、夜の街だ。

「みんながやっているから自分も」

こんな陳腐な理由しか不良の世界には存在せず、まともに生きる強さがないから逃げてばかり。それが不良な生き方の本質だ。

ただし、そんな不良な生き方の中にも自分なりの美徳があった。

――カッコよくいたい――

群れを避けて無茶をして、痛くても死にかけても逃げずに向かって生きて、産まれ落ちた新宿を歩き続けて今の僕がいる。

シノギでクスリを扱ったりしているうちに、最後は自分が覚醒剤取締法違反（所持及び使用）で刑務所にいた。

不良の世界にいても、卑怯な連中はやっぱりカッコ悪いよなと胸の中で毒づいていた。ところが、世間から見れば僕らのような人種はみんな同じ。全員が全員、世の中からはシラけた目で見られていたのだ。


すべては自己責任だと知った。

他人を説得したり納得させるためには、自分の行動がすべて。

だから自分に素直に生きようと誓って、今を懸命に生きている。妻と幸せを共有しながら、なんとか生きている。

思えば、こんな簡単なことすらわからずにいた。

自分に素直に生きることがこんなにも難しく、遠回りになるなんて……。


中学では真面目な恰好《かっこう》をしたガリ勉君たちを、僕たち不良は思いっきりバカにしていた。

だが、今考えると彼らのほうこそ僕らのことを内心では嗤《わら》っていたのではないか。

「あいつら、今はいいかもしれないけど、いつか痛い目見るぞ」

そうやって地道に努力していた彼らは、おそらく今は官僚や一流企業のエリート社員になって、僕らを見下しているのかもしれない。

僕ら不良は努力の尊さを何ひとつわかっていない、ただの向こう見ずなバカだった。

カッコいいと思っていたことが、実際はずいぶんとカッコ悪いことだった。そのことに気がつくと、途端に自分が情けなくなった。

逃げることのほうが、立ち向かうよりもはるかに勇気がいると今は知る。

シャバに出てきても、暴力団をやめても、どうしても人の繫《つな》がりを絶つことができず、何年ももがき続けていた。

不良の世界でよくあることだが、一度、集団の人間関係に組み込まれると、なかなかしがらみから抜け出せないものなのだ。

実際、ヤクザの世界に戻ろうと思ったことも一度や二度じゃなかった。でも、ギリギリのところでなんとか踏みとどまった。

本音では、彼らだってカタギになりたいと思っているはずだ。

暗い場所から見たら、本を書いたりリングに上がったりと明るい場所に出ている僕に対するジェラシーの感情もあったんじゃないかと思う。

だけど他人がなんと言おうとも、一切を無視するほうがタフであり、本当の強さだったと今は知っている。

人間は弱い。しかも他人のせいにして、自分に都合よく生きる。

ならば、それを覆せばいいと僕は思った。

まずは自分と真摯に向き合おうと決意した。

タフであり、強くあり、すべての責任を自分で受けとめていこうと決めた。

そうしたら、実はそれが楽になる答えだった。


答えが出れば、あとは生きる目的を決めるだけだ。

僕は文章を書くことが好きだ。子供の頃は考えもしなかったが、刑務所で文章と出会ってから、作家を夢見るようになっていた。

だけど何冊書いたところで、僕は自分を作家だと思うことはないのかもしれない。

作家という職業は、他人から作家と呼ばれたときに初めてなることができると聞いたことがある。

だけど、どこまで行っても「アウトロー」の看板がついて回る僕の場合、作家と呼ばれる日がいつ来るのかもわからない。

だからこそ、この夢を僕はこれからも追い続けていくのだろう。

夢を追いかける今の僕にとって、邪魔な誘いや対人関係は関係がないこと。時間の無駄であり、無視するのは造作もないこと。

そう言い切れるようになるまで、僕は少し時間がかかっただけなのだ。

僕は自分に嘘《うそ》をついていた。嘘に嘘の上塗りをしていた。
その垢《あか》を洗い落とすことから始めたら、次第に楽になっている自分に気づいたのだ。
最近では、会う人会う人に、
「なんだか顔つきが変わったね。いい顔になったんじゃない？」
などと言われる。
こそばゆい気持ちも少しあるが、たぶん自分に素直に生きているからだろう。

怖いものを怖くないと嘯《うそぶ》いているうちは、まやかしの姿であり、醜い。
怖いものを怖いと正直に伝えることが、カッコよさや強さと気づいた。
自分に素直になること。まっすぐな自分を伝えること。
それが僕がようやく到達したカッコよさの正体であり、そこに目的を見出した。

かつて、ある人が僕にくれた言葉がある。
――すべての出来事は必ず時間が解決する――
それは本当だった。

――男の真価が問われるのは、どん底に陥り、窮地に立ったとき――

その通りだ。

僕はどん底のさらに下のマイナスから歩いてきたから、そのぶん経験という財産も山ほどある。

ならば、これをみんなに伝えていこう。

これが本書『國殺』を上梓《じょうし》するに至った大きな理由だ。


もうひとつの理由は、今の僕に付いてきてくれる嫁の存在。

服や食べ物くらい、少しはいいものを買ってあげたいという気持ちがある。

夫婦で安物の服やボロボロのジーンズでいたら、僕はよくても妻は恥ずかしいかもしれない。いろいろ支えてもらっているので、まずは恩返しをしたい。

この夢とチャンスを与えてくれた編集の方々にも恩返しをしたい。


バカな愚直なアウトローを貫いたまま、僕から見えた社会問題を、自分なりに気づいた視点で伝えよう。これは一種の瓜田主義だ。

見たくない人は、見なければいい。読んでも仕方ないと思うなら、別に読まなくても結構。

しかし読んでくれた人に断言できるのは、今すぐにできることや、明日からできる対策や、生き抜くための何かしらのヒントは必ず書いてあるということ。

国が国民を殺す――。そんな時代だからこそ、この『國殺』を現代を生き抜くためのバイブルにしていただけたらありがたく思います。

長くなったが、最後に頼れるのは自分でしかない。

日本国民・瓜田純士

警告一
サカキバラに告ぐ

その本が世に出ると報じられると、誰もが吐き気を覚えたはずだ。

タイトルは『絶歌　神戸連続児童殺傷事件』（以下、『絶歌』と略）。作者は「元少年A」。

一般的には「酒鬼薔薇聖斗《さかきばらせいと》」といったほうがはるかに通じるだろう。


問題の本には、嫌悪感と同時に圧倒的な国民の関心が集まった。

あのサカキバラの復活劇――。

怪物のすべてを覗《のぞ》いてみたいという欲望……その好奇心自体が不謹慎なのかもしれない。

だが、多くの者が好奇心と嫌悪感の狭間でヒリヒリ喉が渇くような感情に苛まされたのではないか。少なくとも俺はそうだった。


当時の記憶が鮮明に甦《よみがえ》ってくる。まだ俺は十六歳だった。その頃、付き合っていた彼女や仲間から「ニュース観て！」と、ＰＨＳに連絡がきたのを覚えている。

何だ？　と思いながら小さな14インチのテレビのリモコンを探し、セブンスターのソフト箱の中から一本抜き取った。そして寝起きの状態のままライターをまさぐり、リモコンを押してみる。

画面に写っているのは、『酒鬼薔薇』という赤色の不気味な文字。さらには、学校の正門前に置かれた土師《はせ》淳《じゅん》君の斬首された首。実況見分と鑑識を続ける兵庫県警察と、多数の報道陣。

鳥肌が立ち、恐怖に凍りついた。

チャンネルを変えると、他の局では「さぁゲームの始まりです」「無能な野菜達に」などと、異常に幼稚かつ曖昧な手紙風の犯行声明文が映し出されていた。

世間を震撼《しんかん》させた神戸児童連続殺傷事件――。

まだガキだった俺は動揺していたが、仲間には「あんなの、頭のイカれた大人が数人でやってんだろ。すぐにパクられるよ」などと、極力、冷静さを装って嘯《うそぶ》いた。

俺の予想どおり、犯人はすぐにパクられたものの奴は――〝少年〟だった。

少年が少年法を熟知しているかのような、したたかさ。残忍かつ猟奇的な手口。絶対に許されない事件である。

あれから二十年の時を経て、その怪物はまた俺の前に甦った。

某写真週刊誌のデスクから連絡が来たのが今年の六月中頃。「明日、太田出版がサカキバラの手記を出します」と切り出してきた。

「私は、すでに読みました。瓜田さんが2014年の四月に出版した『遺書　関東連合崩壊の真実と、ある兄弟の絆』（以下、『遺書』と略）と出版のノウハウは同じ。発行人と装丁デザイナーも同じ人です。瓜田さん、サカキバラと会えませんかね？」

俺は「かけ直しますね」と言ってから、深呼吸した。電話越しのニュアンスだと、写真週刊誌デスクは俺とサカキバラに関係性があるんじゃないかと疑っているようだ。もちろん、そんなことはないのだが――。

まずは真偽の〝裏〟を取る前に、客観的に状況を想像してみる。

あの事件の少年――いや、もうとっくに成人か。

あの犯人がシャバで何をしていたかは知らないが、遺族の方々があれだけの悲しみを抱えているのに、少年Aの手記を出版？　バカか？

社会的に許されるはずがない。だが、出版が本当なら……売れないはずがない。

では、その出版社はどこか？　これまでに俺の本を三冊出した太田出版だ。社長は、あの岡聡《おかさとし》。

俺からすると、これほど頷《うなず》ける話はない。

奴らは、どんな内容だろうが、売れると踏めば躊躇《ちゅうちょ》せずに出版してくる。出版人としてのポリシーもクソもないような連中である。

勘のいい読者の方なら、すでにここで気づいているはずだ。「なぜ瓜田純士の新刊が今までのように太田出版ではなく、竹書房から出ているのか？」と。

それには今回の『絶歌』出版にまつわる、いざこざがあった。まずは俺と太田出版の関係から触れるとしよう。

最初の出会いは、偶然に近いものだった。友人の紹介である。

「純士に会いたがっている作家の人が、俺の通っているボクシング・ジムにいるんだよね」

当時の俺は、作家になりたくて仕方ない時期。こんなチャンスを逃すわけにはいかない。

作家志望と口で言うのは簡単だが、もちろん誰でも物書きになれるものではない。それどころか、ほとんどの人はそのきっかけさえ摑《つか》めないのが現実だ。

すぐさま俺はジムまで足を運び、そこで出会ったのが後に『ドブネズミのバラード』や『ピラニア』の制作に構成で関わってくれた海猫沢《うみねこざわ》めろんさん。ありがたいことに、瓜田ブログのファンということだった。

「えっ、まだ本は出していなかったんだ!? じゃあ、どんな本を出したいの？」

めろんさんは、少し意外そうな顔をしていた。

「実は刑務所にいるときから温めていたタイトルがあって、それが『ドブネズミのバラード』っていうんです。どこか話を聞いてくれる編集者はいないですかね？」

めろんさんが言うには、エグい内容でも出版に応じてくれそうな人物がいる。それが『クイック・ジャパン』発行人の北尾修一さんだった。早速、北尾さんと新宿の喫茶店で会うことになり、俺はストレートな気持ちを伝えた。

「文章が荒くたって別にいいじゃないですか。なんだったら、ブログのままでもいい。〝これは文章ではない。バラードだ〟。そう謳《うた》いませんか？」

これで即決だった。

「いい！ それでいきましょう！」

死ぬほど、うれしかった。

出版社は母の誕生日に合わせて出版日を決めてくれたし、自分の顔がアップになった自分の本のポスターが自分が生まれた街・新宿に貼られている。本屋に行けば、自分の本が平積みになっていた。

ヤクザの組を抜けるとき、これからはカタギになって作家を目指すのだと上の人間に伝えた。そのとき焼肉屋で言われた言葉も思い出した。

「この野郎……！　てめぇ、作家とか言うんだったら本の一冊でも書いてみろよ」

そういうプレッシャーともずっと戦っていたので、「見たか、コラ！　出したぞ！」という気持ちもあった。

そういう意味では、めろんさんや北尾さんには今でも感謝の気持ちが強い。

そして2014年。四作目（太田出版からは三作目）にあたる『遺書』は、関東連合の人間関係に迫る過激でデリケートな中身から、超極秘裏に制作が進められた。

なにせ発売前夜まで、太田出版の役員三名と社長と出版プロデューサーと装丁デザイナーしか内容を知らない。印刷所のアルバイトすら、中身を読めなかった。もちろん出版業界でも異例のことだ。

俺自身、『遺書』という本を出すことに関しては本当に腹を括っていたし、大袈裟《おおげさ》じゃなくて殺される気持ちで書いた。

もう会えなくなると思い、嫁とも別れるつもりだった。『遺書』というタイトルに嘘《うそ》はない。それくらい不退転の覚悟だったのだ。

おかげさまで本は話題となり、初版二万部が数日で完売。たちまち重版がかかるベストセラーとなった。半五段に載る読売新聞の広告。電車の中吊《なかづ》り。書店では平積み。Amazonでも巨大バナーで紹介され、数ヵ月で六刷まで駆け上がった。

でも本が売れたことで浮かれてはしゃぐということは一切なく、残ったのは——やっとすべてが終わった——という安堵《あんど》の気持ちだけ。

あれだけ自分が求めていたはずの名声とか世間からの評価が、もうどうでもよくなっていた。パブリシティーのために頼まれて週刊誌のインタビューを数本受けたが、その他の取材は蹴ったし、「もう、そっとしておいてくれよ」というのが本音だった。

『遺書』の中では、著者の意向として「本書の著作印税を全額、犯罪被害者救済遺族の会に寄付される」と記してされている。

これは本当の話だ。正確にいうと制作費という名目でいくらかは手にしたが、それもせいぜい二十万円ほど。太田出版の儲《もう》けた金額に比べたら屁《へ》みたいなものである。

出版後の身の危険を考慮した上、少し身体を休めたいという気持ちもあり、提示された制作費をしぶしぶ受取ったものの、特にそれで何があったわけでもない。自転車を買って、部屋に引きこもり、食料品と酒の買い込みに使い果たした。

出版の前夜、太田出版の会議室で、ささやかな打ち上げを関係者と一緒にしたことを覚えている。今思えば、彼らはこう考えていたのではないか。

「明日以降、瓜田純士とは関わらずに済む。内容は過激だが、うちら版元（出版社）には影響ないだろう。痛い目に遭うとしても、それは瓜田自身。こっちは収益のことだけを粛々《しゅくしゅく》と考えていればいい」

出版社として作者に対して非常にドライな姿勢だが、それはそれでありともいえる。結果的にはそのやり方で成功を納めたわけだから。

俺は出版の目的がかなった。奴らは俺や関東連の話題で儲けた。両者、Win-Win。アヤのつけようも双方に見当たらない。

実際、それからも俺と太田出版の関係は良好で、年末には割烹《かっぽう》料理屋で忘年会までしたほどだ。その忘年会で、北尾修一さんが呑気《のんき》に言い放った。

「瓜田さんのベストセラーに、太田出版の社員全員が足を向けて寝れませんよ」

今思えば、こっちは多方面から身を狙われていたのだが、奴らはなんのリスクも負わないまま。

さらに、その場には前述した写真週刊誌のデスクがいた。

そして問題の『絶歌』が出たのは、その半年後。俺にはなんの連絡も来なかった。

――あいつら、口では調子のいいことばかり言ってるが、結局、俺は太田出版にいいように利用されているんじゃないか？――

そういう疑念がふつふつと沸き上がってきた。

これはカネの問題じゃない。口で散々っぱら褒め称えられたはいいが、俺が一年近くもひっそりと人目を忍んで暮らしたのは、結局は本の売り上げのため。つまり、あいつらの利益のためだったのだ。

あの本で俺が印税を受け取らなかった件に関しては、いまいちその真意が世間に伝わっていない部分もある。

ある出版界の先輩からも「作家を名乗る以上、少額でもいいからお金は受け取らなきゃダメだ」という意見もいただいた。

それはそれで一理あるが、俺としてはとにかく仲間たちが殺し合いを続けるという異常な抗争にケリをつけたかった。一刻も早く、こんなことは終わりにしてほしかった。「ペンは剣より強し」ということを、自分の力で証明したかった。

綺麗事《きれいごと》抜きでそういう思いがリアルにあったからこそ、ここでカネなんか受け取っちゃいけないと考えたのである。


それに加えて、次回作の約束をごまかしごまかしで延ばされて、こっちのフラストレーションはマックスまで上がっていたということもある。

繰り返しになるが、『遺書』を書いたときは完全に死ぬ気だった。ところが『遺書』を出してしばらくすると、生きたいという気持ちが自分の中からふつふつと沸き出るようになった。

「生きる」ということは、俺にとって「発信する」ということと同義。逆にいうと死を意識した『遺書』執筆中にブログでの発信をやめたのは、そういう背景もある。

だから、年末になってから太田出版にそのまま伝えた。

「俺、やっぱりもっと生きたくなったんで。次回作のことも考えておいてくださいね」

それに対する太田出版側の言い分は、こう。

「これだけの数字を出したんだから、次回作なんて簡単に出せます。ただ、下手な鉄砲を打って『遺書』を汚したくないです」

その気持ちに嘘はなかったのかもしれない。少なくても、その時点では……。

ところが、ダメ押しで今回のサカキバラの手記発売。いよいよこれで、俺は太田出版のやり方に激昂《げっこう》する。

俺は純粋に人殺しを止めたいという気持ちだけで書いた。だけど、同じ出版社から人殺しに乗じた本が出る。しかも同じスタッフのチームで。

俺からすれば、『遺書』と『絶歌』は真逆の内容。だが事情を知らない読者の中には、『遺書』が売れたそのやり方を『絶歌』で踏襲《とうしゅう》したと考える人も多いだろう。カバーは両方とも白バックに黒のタイトル文字。判型だって同じだ。

命を削って書いた自分の気持ちが、踏みにじられた気分だった。なにより『遺書』という作品自体が、バカにされたも同然である。「『遺書』を汚したくないです」とは、一体、どの口が言うのか。

とりあえず、すぐに担当者を呼び出した。そして強烈に脅かした。いわゆる咬《か》まし。脅迫的に追い込む俺のスタイルだ。

その担当者に咬ましを入れるのは、実は二回目。似たようなことが『遺書』校了直前のタイミングでもあった。

その日は、急に担当者と連絡が取れなくなった。少し怪訝《けげん》に思ったものの、向こうの留守電に「急いで連絡ください」とメッセージを入れ、その晩は酒を浴びて寝た。

翌日、その担当者が何をしていたか裏を取って知ると、俺の怒りは極限まで膨れ上がる。なんと担当者は、携帯の電源を落としながら、『週刊文春』のデスクに原稿をチェックしてもらっていたのだ。……極秘プロジェクトだというのに！

著者の原稿の信憑性《しんぴょうせい》を取りたく、客観的な意見を求める――。

こういえば聞こえはいいが、要するに俺の原稿内容を疑っていたわけだ。コソコソコソコソとセコく動き回るそのやり口が、鼻もちならなかった。出版社の人間として、著者に対する最低限の筋も通していないような気がした。

とはいうものの、俺は何も知らないようなふりをしながら、担当者からの連絡を待つことにした。

そして昼過ぎ。呑気《のんき》にしれっと連絡をしてきて、開口一番に何を言い出すかと思いきや、

「すみません、瓜田さん！　弊社の役員三名が内容に怯《おび》えています。新入社員やバイトのみ

んなの安全面を考えると、役員会議で、この企画は今回は……」

など切り出してきたのだ。最悪、他の出版社で出すことも検討するなどということまで言い出した。

俺は担当者がコソコソ動いていたことを知らないふりをしたまま、自宅に呼び出した。慌てて飛んできた担当者は、タリーズコーヒーのサンドイッチを持参していた。まずは能書きを先にしゃべらせる。その言い分は、こうだ。

まずは安全面の保障、次に事実関係の真偽。このふたつがクリアにならないと出版は難しい――。

俺は担当者に刃物を向けながら言った。

「連絡つかなくて心配しましたよ。週刊誌のお友達とコソコソ動いて楽しそうだな、コラ!」

担当者は真っ青な顔をしながら下を向いた。これで真偽云々《うんぬん》は言わせなくしたあとで、こうつけ加えた。

「某出版社が『いびつななんたら』とかいう関東連合の本を出したが、そこの出版社の誰かがケガでもしたか? てめぇ、コソコソやってると、ここから出さねぇぞ? 死にてぇのか?」

「いや……」

「じゃあ、おたくの大将の岡聡に、まんま伝えてこいよ」

「了解しました！　すぐに説得してきます！」

慌てて逃げ出そうとする担当者に、玄関ドアから叫んだ。

「忘れ物だぞ、この野郎！」

俺はタリーズのサンドイッチを投げつけた。

メールが届いたのは数分後だった。
《よかったです！　ただいま説得しました。発売決定です！》
とんだ茶番劇である。ハナから岡聡がやる気満々だったのを俺は知っている。そもそも岡聡の決裁が出ているからこそ、極秘裏で話を進めていたのだ。
それでも、そのときは担当者に、
《へぇ、よかったですね。引き続き、よろしくお願い致します》
とだけ返信した。
そして、二回目の咬ましとなった今回。前回は担当者が土産を買ってきたタリーズコーヒーに呼び出した。

俺は嫁に太田出版と交わした契約書の一部を持たせ、待ち合わせ場所には先に一人で向かった。担当者は数分後に現れた。

「ご無沙汰しています。最近はどうですか？」

ずいぶんと饒舌《じょうぜつ》な野郎だ。好きなだけ喋《しゃべ》らせたあと、睨《にら》みつけた。

「もうじき女房が来る。来たら、てめぇらのサカキバラ本の話でもしようぜ」

担当者は震えて下を向いたまま、コーヒーに口をつけた。


しばらくして嫁が現れた。アイスカフェをオーダーしたあと、俺の横に座る。「例のやつをくれないか？」と伝えると、すぐに出版契約書をカバンから出してきた。

『遺書』の契約書関係数枚を手渡してくれた。


俺は担当者に告げた。

「コラ、金儲けのバカが。人が殺し合いを止めたくて印税も受け取らずに、てめぇから渡されたネット通販で買った糞《くそ》の役にも立たない防犯用の三千円のダミーカメラだかで身を守り家に引きこもらされている間に、てめぇらは一億儲けて、お次は性癖変態の猟奇殺人者のサカキバラ本で一攫千金《いっかくせんきん》か？　仕掛けた面子も装丁デザイナーもすべて一緒？　俺の本が殺し屋と同じように見られた責任取れよ、バカが。出版差し止めに、停止回収作業を今すぐ岡聡とやれよ、この野郎！」

担当者は、泣きながら言った。

「社長と落合美沙（役員）以外、本当に知らないことだったんです！　瓜田さんの覚悟の本が、価値を落とすようなことはありませんよ！　僕も知らなかったんですから！」

「ずいぶんと喋るな──。岡聡に電話しろ。出なかったら、本日中に太田出版のＨＰに告知するんだ。俺と、過去にてめぇらの出版社から出た俺の本を買ってくださった方々に謝罪の言葉と出版物の販売停止を告知しろ」

「……わかりました。ただ販売停止をする前に、まずは社長からＨＰに掲載をさせるのではダメでしょうか？」

どうにもキナ臭い。大方、『絶歌』と『遺書』の相乗効果でも思いついたんだろう。

そう感じた俺は、ＨＰに掲載させる謝罪の文──つまり「サカキバラ本と瓜田純士作品は一切関係ありません。すいませんでした」といった文書だけでも、まずは用意させることにした。こういうのは、あまり追い込むと前に進まない。何事もほどほどに、というやつだ。

担当者は「かしこまりました！」とだけ言い、逃げるように太田出版に戻っていった。

嫁と帰宅して、晩飯の支度をしていたら、例の担当者からメールが来た。

《ただいま社長と揉《も》めに揉めて、「瓜田さんには、ご迷惑をお掛けしてすいませんでした」という言葉と、私なりに考えたHPに掲載する文書を作成致しました。御覧して頂けたら幸いです》

一読して、吹き出すところだった。

謝罪どころか、奴らが単にビジネスのことしか考えていないことが丸わかりの文書だったからだ。アップされた文面をそのまま晒《さら》す。

『遺書』に関する誤情報について

『遺書』（弊社刊）著者・瓜田純士氏より、同書籍と『絶歌』（元少年A・著）に何らかの関連性があるかのような誤情報が寄せられている、との報告がありました。

当然ながら両書籍のあいだに一切関係はありません。

株式会社太田出版

代表　岡　聡

本稿執筆時、これは太田出版のＨＰにそのまま掲載されているが、しばらくしたら消されるかもしれない。

この文面を読んで「瓜田がヒステリーを起こして難癖をつけてる」くらいに思った人もいるかもしれないが、実際は裏でそういう経緯があった。そして俺は、この出版の企画が竹書房で進めると決まっていたので、本書の中で奴らがどんな連中かも書くつもりでいたのである。

さて、そろそろ変態性癖ナルシストで、許してはならない惨めで未熟な殺人犯罪者・サカキバラについて言及することにしよう。

元少年Ａの手記『絶歌』が刊行されてからの反響はすさまじかった。被害者に無断で出版されたのだから当然だろう。

太田出版やサカキバラに対する世間からの非難の声、ご遺族の方々の抗議、事件の起きた神戸市や明石市役所の反応、販売中止を決めるなど各書店の対応、無駄に出しゃばる著名人にバカな精神科医だの評論家だのの発言——二十年前の残虐極まりない神戸児童連続殺傷事件が甦ったほどの話題となる。

発行部数は二十五万部に達した。印税額は三千万円以上とも言われており、被害者への遺族損害賠償も終わっていないため、その使い道も様々な議論を呼んだ。

手記を発売した出版社も著者の元少年Aも「してやったり」といったところだろう。まるで高い場所から祭りを眺めるように、騒動を楽しんでいたのかもしれない。

当時は十四歳だったサカキバラこと東《あずま》慎《しん》一郎《いちろう》（事件当時に『FOCUS』が報道した実名。現在は改名したとの説も）も、現在は中年になった。

遺族の方々が深い哀しみから心の傷も癒えない状況のある中、俺が発言することで非難を浴びることは重々承知だが、それでもあえて俺は書かせてもらう。どうしてもサカキバラに伝えたいことがあるからだ。

まず、そもそも『絶歌』の原稿を本当にサカキバラが自分で書いて、出版社に持ち込んだのか？

実をいうと、俺はその時点から疑っている。サカキバラとは会ったこともないが、おそらくそうではない気がするのだ。

太田出版のプロデューサーに「サカキバラと連絡を取れるのは誰だ？」と半ば脅かし気味に問い質したら、こう言っていた。

「うちの岡と幻冬舎の見城（徹）氏だけらしく、聞いた話では、原稿の受け渡し後に行方を眩《くら》ましたようです。大体、見つかったらサカキバラは誰かにリンチされるでしょうね」

「岡聡の携帯に番号は入っているのか？　それなら俺に考えがあるぜ」

「サカキバラに何かする気ですか？　やめておいたほうが……。実は我々も本当に本人の原稿か確証がないので、あえて一切の加筆や手を加えずに出したというところまでしか聞かされてないのです」

「別に何もしねぇよ。安心してくれ。ただ、興味深いから会ってみたかっただけだよ」

こんな会話があったので、その晩はなかなか寝つけずにいろいろ考えた。

たしかにサカキバラの原稿だという絶対的な確証があるのなら、本がこれだけ騒ぎになっている以上、岡聡社長は事情を説明するべきだろう。サカキバラなり代理人がどんな人間で、出版までにどんな経緯があったのかという説明だ。

岡聡は呑気に太田出版に出勤しているが、もし本当に本人と接触があるなら、奴は公安に呼ばれるなり、再犯を警戒した警察関係者に何度も呼ばれていておかしくないはず。しかし、そんなことはない。現在、公安が太田出版に張りついているとも考えがたい。

第一、もしあの事件の加害者が成人だったら、間違いなく極刑、すなわち死刑に相当する。その残虐極まりない殺傷事件の加害者の手記から利益が発生するなら、それは「犯罪収益」にもなるのではないか。

そうなると、また話はふりだしに戻ってくる。

――本当に本人持ち込みの原稿なのか？――

〝透明な存在であり続ける〟サカキバラが、原稿を自ら持ち込むというリスクを負うとは思えない。

仮に無関係な者の手による原稿だとしても、太田出版は元少年Aとしか言っていないとシラを切れるし、我々も信じてしまった。逆に、本当はサカキバラ本人の原稿ではないからこそ、強気で出版しているのではないかとさえ思える。

まぁこんな推理や憶測を長々と書いても仕方がないので、サカキバラ本人へのメッセージに移らせていただく。

その前に言っておくが、俺は奴の――いや、〝奴ら〟の『絶歌』という本を読んでいないし、手にしてもいない。読む気もしない。読んでもいないくせに、と突っ込まれるのも想定した上で、あえてサカキバラについて触れる。

そしてサカキバラが本書を読んでくれていたら、ありがたいと思う。

——いや、おそらく見るだろう。

最初は幻冬舎から出版するということで話が進んでいたが、幻冬舎からは出せないということになり、結局は太田出版にスライドした『絶歌』。太田出版から本を出す以上、去年、ベストセラーになった『遺書』を読まないほうが不自然ではないか。

となると、そんなサカキバラだからこそ、俺は言っておきたい。


よう、変態。

初めましてか。

てめぇみたいな頭の悪い変態性癖ナルシストに挨拶なんかせんぞ、俺は。

むしろお前に道ばたで会ったら、逮捕覚悟で半殺しにしてやるよ。

お前は自分が人より秀でていて、プライドが高く、性癖が抑えられないただの幼稚な変態だと自覚してるか？

気持ち悪いんだよ、サカキバラ。

てめぇはただの幼稚な弱虫とエゴイズムの吐瀉物《としゃ》で、世の中の汚物なんだよ。

ブッ飛ばすぞ、変態。

まぁ縁があってどこかで会ったら、ノコギリとハンマー持って襲ってこいよ。

取り上げて、張り倒して、脳座礁《のうざしょう》までシメてやるからよ。


いいか、サカキバラ？

お前は、ただの構ってちゃんなんだよ。

自分が怖い目に遭ったことがないだけで、もし遭っていればお前だって少しは人間に近くなってたんだよ。

ある意味、可哀想だな。


そして、お前は精神疾患でも異常でもなんでもねぇ。

少年法もわかっていただろ。

関東医療少年院に少しいたんだろ？

あそこのオヤツは美味しいらしいな。

俺も一度、少年刑務所にいたときに、医務の診療で適性検査受けにあそこに寄ったことがあるけど、オヤツをもらえたよ。

中にいると甘シャリ（お菓子や糖分など）が恋しかっただろう。

サカキバラ。

妄想は妄想の中で抑えるもので、てめぇの性癖はオナニーとセンズリの射精にとどめておけばよかったものを……。

現実に行動に移して、殺人まで犯してんじゃねぇよ、変態。

俺もナルシストだが、ナルシストにもそれなりのナルシズムと美徳があるんだよ。

お前は自分を特別な存在だと過信したままの、ただの痛々しい変態なんだよ。

まぁ縁があってどこかで会ったら、てめぇの射精光景でも眺めながら殴りつけてやるからよ。

まずはこの本『國殺』がてめぇの目に止まることを願いながら、そろそろ読者に筆を戻すよ。

お前と違って、俺は本当に刑務所で文章に出会い、作家の夢を叶《かな》えたからな。

最後に――。

文句や言いたいこと、俺に対して殺意でも芽生えたら出版社まで連絡してこい。

サカキバラ本人なら、ぜひ逢《あ》いたいからな。

さて本題に戻すが、サカキバラという人間がいかに自意識過剰なクズかは、この文書を読んでいただきたい。

さあゲームの始まりです
愚鈍な警察諸君
ボクを止めてみたまえ
ボクは殺しが愉快でたまらない
人の死が見たくて見たくてしょうがない
汚い野菜共には死の制裁を
積年の大怨に流血の裁きを

SHOOLL KILLER
学校殺死の酒鬼薔薇

これは、殺された子供の生首に啣《くわ》えさせられていた挑戦状。そして神戸新聞社に送られた犯行声明が以下の文章だ。少し長くなるが、引用する。

神戸新聞社へ

この前ボクが出ている時にたまたま、テレビがついており、それを見ていたところ、報道人がボクの名を読み違えて「鬼薔薇」（オニバラ）と言っているのを聞いた
人の名を読み違えるなどこの上なく愚弄な行為である。表の紙に書いた文字は、暗号でも、謎かけでも当て字でもない。嘘偽りないボクの本名である。ボクが存在した瞬間からその名がついており、やりたいこともちゃんと決まっていた。しかし悲しいことにぼくには国籍がない。今までに自分の名で人から呼ばれたこともない。もしボクが生まれた時からボクのままであれば、わざわざ切断した頭部を中学校の正門に放置するなどという行動はとらないであろう　やろうと思えば誰にも気づかれずにひっそりと殺人を楽しむ事もできたのである。ボクがわざわざ世間の注目を集めたのは、今までも、そしてこれからも透明な存在であり続けるボクを、せめてあなた達の空想の中でだけでも実在の人間として認めて頂きたいのである。それと同時に、透明な存在であるボクを造り出した義務教育と、義務教育を生み出した社会への復讐《ふくしゅう》も忘れてはいない

（略）

最後に一言
この紙に書いた文でおおよそ理解して頂けたとは思うが、ボクは自分自身の存在に対して人並み以上の執着心を持っている。よって自分の名が読み違えられたり、自分の存在が汚される事には我慢ならないのである。今現在の警察の動きをうかがうと、どう見ても内心では面倒臭がっているのに、わざとらしくそれを誤魔化しているようにしか思えないのである。ボクの存在をもみ消そうとしているのではないのかね　ボクはこのゲームに命をかけている。捕まればおそらく吊るされるであろう。だから警察も命をかけろとまでは言わないが、もっと怒りと執念を持ってぼくを追跡したまえ。今後一度でもボクの名を読み違えたり、またしらけさせるような事があれば一週間に三つの野菜を壊します。ボクが子供しか殺せない幼稚な犯罪者と思ったら大間違いである。

――ボクには一人の人間を二度殺す能力が備わっている――

改めて読むと、いかに自意識過剰にして幼稚であり、しかしながら責任能力は十分にあることが伺える。

自分の名前を間違えられたことに対する執拗《しつよう》な怒り。すなわちそれは本名の自分とは別の酒鬼薔薇聖斗という人格が存在しているということに対する強烈なアピールでもある。

最後の末尾に注視していただきたい。奴は今回の手記を発売したことより、たしかに一度殺した人を再び〝筆〟で殺した。

だが、これを書いた当時にそのことを頭で描けていたかというと、それは現実的にはない話だろう。

ただ、少年院の中で書籍を貪り読み、そういう方法に気づいたという可能性も十二分に考えられる。


そして世間の方々にも、これだけは俺からも言っておきたい。

サカキバラのような単なる目立ちたがり屋を、今後はのさばらせない。そんな奴の土俵に乗りたくない……そう思っているなら、一番の有効打を教えよう。

一切、話題にしない。シカトに徹すればいい。

怒りのレビューを『絶歌』につけたり、ネットの匿名性にまかせて文句をブチまけたところで、結果としては話題になり、本の宣伝になるだけ。目立ちたがり屋の思うツボなのだ。話題にした時点で、すでに相手の土俵に乗ってしまっているということを強調しておきたい。

どんなスターやタレントも、どんな外道や犯罪者も、一度話題になった人物は再び脚光を浴びやすいものだ。

現にサカキバラは『絶歌』出版が話題になったことに味をしめ、自分がナメクジと戯れる写真などを載せたHPまで開設。さらなる話題作りをしようとしている。

二十年前、猟奇的な犯罪によって少年Aとサカキバラの名は世間を震撼させた。そのサカキバラが、出版という形で再びみんなの前に現れる。話題になるに決まっているではないか。奴はそういった日本人の国民性を摑んだ上で、今回の行動に出たのだろう。

触れるから話題になり、結果としてサカキバラの土俵に乗ることになる。それが奴の自慰行為の興奮材料にしてしまう――。


そして、この國の愚か者たちに一言言いたい。

サカキバラの手記への非難・批判をする者は、それが匿名であれ、実名であれ――俺もその一人になるのだが――奴のことに触れる者は、結局、サカキバラと変わらないのだと。

遺族の方々がそっとしてほしいという気持ちを無視し、尊い人の命を無惨に奪った愚か者の復活劇についてどうのこうの興味本位で言う者すべてが、サカキバラとなんら変わらないんだということを自覚しなければならない。

人の命を奪ったという事実を死ぬまで忘れてはならない。

痛切な心の傷口を本書で開いてしまったことを、神戸児童連続殺傷事件のご遺族の方々、並びに関係者の方々に深々と謹んでお詫《わ》び申し上げます。

本当にご冥福を祈ると同時に、本書でどうしてもサカキバラに触れずにいられなかったことをお許しください。

警告 二

ネット社会に蔓延する悪に告ぐ

ここ数年、俺は〝見えない敵〟に怯《おび》えながら生きてきたように思う。

三年前の今頃、目眩《めまい》がするほどの気だるさに襲われ、なかなか寝つけずにいた。

二年前の夏は痛烈なおぞましさと苛立ちに悩まされていた。熱帯夜の中、凍てついた氷のような震えに全身が包まれ、眠ることもままならない日々。

昨夏は蒸し暑さも忘れて、東京都庁の新宿副都心の夜景を眺めていた。気分を変えるために海外旅行でもしようかと思い、パスポートを更新しに出かけていたのだ。そして西新宿の歩道橋から星空に向かって誓った。

――生きてやる――

今は、あの恐怖の呪縛から解かれて一年が経った。

人間はしょせん、どんな苦しみや恐怖からも解放されるときがくる。すべては時間が解決してくれるのだ。

では、俺が恐れていた〝見えない敵〟とは何だったのか？

簡単に言えば、それはインターネットという有象無象の情報が行き交う架空世界。そして、そこから派生する恐怖ということになる。

このままではネットに殺されると本気で俺は思っていた。いっそのこと、ひと思いに殺してほしいとすら考えたこともある。周囲を騒がせた自殺未遂だって、そういう気持ちから踏み切ったようなものだ。

これは決して大げさな話ではない。

当時の俺は反社会的な立場の人間とゴタゴタした揉《も》めごとを抱えている最中で、何度も半殺しの目に遭い、命を落としかけた。

眼窩底《がんかてい》骨折で、顔面に鉄板を入れる手術もした。それがまだ完治する前……それどころかオペの直後くらいのタイミングで再び暴行を受け、同じ個所を再手術したこともある。文字通り、生きるか死ぬかの毎日が続いていた。

それでもなんとか事態を丸く納めようと俺は必死だった。きちんと話せば理解してもらえると思い、相手と直接向き合ったことも何度かある。

そうしたこともあって少しずつ物事は解決していったのだが、そんなデリケートな時期に限って、ネットであることないことを書かれ、事態はさらに混乱していく。

——いい加減にしてくれよ！——

それが偽らざる気持ちだった。たかがネットとはいえ、相手が見えないだけに薄気味悪いことこの上ない。

「瓜田は『2ちゃんねる』の評判を気にしていて、異常に神経質になっている」

そんなことがネット上で噂になった時期もあった。この際だから言っておこう。俺は匿名掲示板での悪口なんて屁《へ》とも思っていないし、むしろ叩《たた》かれるのは有名税とありがたく考えているほどだ。

なんでも今では瓜田スレッドは五百を超えているという。有名なアイドルでも、そこまではスレッドが伸びない。ネットの世界では、すっかり有名人になってしまったようだ。

もっともスーパーナルシストである俺のことだから、何を書かれているか気になって「2ちゃんねる」をチェックをしてみた時期も、正直言うとある。だが面倒くさくなって、それもすぐにやめてしまった。

そもそも俺の場合、単なるアウトローから今のような表現する立場になったきっかけとして、アメーバブログ（アメブロ）の存在が大きかった。

ご存知のようにアメブロは国内最大手のブログサービス。俺のブログは、一ヶ月で一億P

Vのアクセスを叩き出すようになっていた。これは本当にモンスター的な数値なのだという。作家になるという野望はあったものの、なんの後ろ盾もなかった自分にとって、発信する場としてのアメブロ、それに拡散機能としての「2ちゃん」の存在は大きな武器となった。ネットの力を利用してのし上がってきた部分が、少なからず俺にはある。

だが、俺とネットの蜜月関係も長く続かなかった。

瓜田純士の分身がネット上に現れてから、もう八年が経つ。

自分が知らない瓜田純士を名乗る男が、Twitter や Facebook であること・ないことをほざき始めた。そんな奴、俺は見たことも会ったこともないのだ。こんなに薄気味悪いことはない。

中でも最悪だったのは、アメブロに現れた俺の分身だ。こいつの正体は、パソコンの前に貼りついているようなオタク野郎ではない気がする。じゃないと、辻褄《つじつま》が合わないことがあまりにも多いのである。

根も葉もない話を、俺の分身は、さも俺のような文体で勝手に書きだした。これによって周囲も混乱したし、それを真に受けた反社会的な立場の連中が俺を襲うことになった。混乱に拍車がかかった。事態解決は大いに長引くことになった。

ネットのような〝見えない敵〟の場合、相手はいつ襲ってくるかもわからない。当たり前にあった日常の生活が、突然、何の前触れもなくブチ壊されるのだ。誰だってまともな判断力を失ってしまうのは当然である。

反社会的な連中によって何度も何度も繰り返されるゲリラ豪雨のような暴力。そしてネット上の〝見えない敵〟による錯乱した情報。こうなると、もはや冷静さなんてなくなる。ただの臆病者になっていく。

どこに敵がいるのか、わからない。敵が誰なのかさえ、わからない――。

精神的にも、とことんまで追い詰められた。真綿《まわた》でじわじわと絞め落とされるような、そんな息苦しさだった。

ここで少し怪訝《けげん》に思う読者もいるかもしれない。

「ヤクザや半グレといった何かあればすぐ暴力に訴えるような連中が、ブログやネットの書き込みをシコシコ繰り返すのか?」と。「本当にそんなまどろっこしい真似をするのか?」と。

だが、俺に言わせれば不良とネットの親密性は極めて高い。

考えてみれば暴走族なんて、国道沿いのスプレー書きを上書きされたなんて理由で抗争に発展させるような人種だ。

メンツをとことん重んじる一方で、自分が何を言われたかを異常に気にする連中。ケツの穴が小さいがゆえに、言った・言わないが大きな火種となっていく。

アメブロに現れた偽瓜田に関しては、かつての自分だったら、あらゆる手段を使ってでも報復に出ていたかもしれない。だが、ネット上に現れた匿名の〝見えない敵〟を倒すのに、それは得策ではない。

では、どうするべきなのか？

とにかく「反応しない」「見ない」に徹底する。それだけの話だ。ネットの敵に対しては、シカトこそがもっとも有効な対抗手段なのだ。

時間はかかったがそのことに気づいた俺は、自然とネットの世界から距離を置くようになっていった。

俺の場合は少し極端な例かもしれない。だが、この高度に発達したネット社会においては、芸能人やスポーツ選手といった有名人じゃなくても、ネット上に渦巻く言葉の暴力で苦しめられている人が多いはずだ。

それくらいネットは誰に対しても凶悪な存在となりえる。容赦なく牙を剝いて襲いかかってくるだろう。

小中学生のイジメや自殺の背景として、LINEなどの無料通話アプリやSNSでのコミュニケーションが取り沙汰されることが多い。ちょっと前なら、学校裏サイトやGREEなども存在自体が社会問題になっていた。

匿名掲示板を眺めてみると、キャバクラ嬢やホスト、あるいはバンドマンやお笑い芸人といった人前に出る職業は当然だとして、ときには一般のサラリーマンやOLですら名指しで攻撃されているのだから背筋が寒くなってくる。

中には建設的な意見もあるのかもしれないが、そのほとんどは無責任極まりない攻撃的な誹謗《ひぼう》中傷。本当に吐き気がする。現代の日本人は、こんなにもドロドロと腐りきった負の感情を抱えながら生きているのか……。

もし、これを読んでいるあなたがネットの風評被害に苦しめられているのなら、繰り返しになるが、その対策は無視するしかない。どんな反応であれ、あなたが反応するだけで相手の思うつぼなのだ。そのことは肝に銘じておいてほしい。

インターネットの普及で、世界はたしかに劇的に変わった。現代人はパソコンやスマホに生活を支配され、いまや高齢者までもが戸惑いながらもネットと繋《つな》がる生き方を選択せざるを得なくなっている。

ひとつ言えることは、ネット世界は急速に拡大し過ぎたのかもしれない。いまや誰も彼もがカネを求めて四六時中モニターの前に張りついているような状況である。

アフィリエイト、ＨＰ代行、エージェント、Web 媒体の広告屋……。隙間の隙間に見つかった新ビジネスに群がるハイエナども。小さなスマートフォンひとつでできる遠隔操作での大きな犯罪。ニコニコ生放送の生主やユーチューバーたちは、アクセス数と広告収入欲しさに今日も躍起になっている。

そのほかにも女子校生を使ったＪＫビジネスから個人規模での売春斡旋《あっせん》まで、性欲のはけ口さえもネット上で処理されていく。とにかく何もかもがネット・ネット・ネットだ。

――もう、いい加減にしてくれと言いたい。国民全員、どういつもこいつもネットに依存しすぎだろ――。

今の俺は、ネットとはまったく無縁の生活を送っている。なにせパソコンやスマートフォンどころか、ガラケーの携帯電話すら持っていないのだ。

周囲の人間は、そんな俺を見て変わり者だと言う。だが実際のところ、何ひとつ不自由さは感じていない。それどころかネット環境から離れることによって、生きることが確実に楽になった。最低限、取らなくてはいけない連絡は、公衆電話か妻の携帯を通じて行うようにしている。

　では逆に聞くが、インターネットが普及する前、みんなはどうやってメシを食っていたんだ？

　えっ、そうだろ。普通に考えて、ネットなんかなくてもメシ食えるだろ。

　ネットの普及に伴い、たしかに仕事の効率は上がったかもしれない。でも、その前の黒電話にポケベルの時代だって日本のサラリーマンは吉野家で牛丼を食い、スナックでカラオケを歌い、世界からは経済大国と言われていたはずだ。

　大体、ネットネットと騒いでいるが、俺自身はインターネットがこの先も未来永劫《えいごう》続いていくものだなんて本気で思ってはいない。自分が生きている間に、ネットの時代は終焉《しゅうえん》を迎えると考えている。

　この十年間の社会の急速な変化を見ていれば、ネットに代わる新たな情報ツールが出てくると考えるほうが、むしろ自然ではないか。

　俺が新宿で少年時代を過ごしていたあの頃、当たり前だけどインターネットなんて聞いたこともなかった。毎日のように、ケンカに明け暮れていた。そして誰が誰を好きだとか、ガンダムのプラモデルが欲しいだとか、お年玉はいくらもらえたかとか、そういうどうでもいいことをみんなで集まって話しては、はしゃいでいた。

おそらく人類は、その頃からまったく進歩していない。そんな時代だって貧乏な家や金持ちの家などいろんな家庭の事情があったが、それでもみんな幸せそうに暮らしていた。家族全員が幸せに暮らせるようにと努めていた。

昔なくても済んだものは、今なくても大丈夫ということだ。ネットなんか見なければ、ネット犯罪の手口なんて知らないで済むはずである。

みんな、ミーハーすぎるんだよ。新しいものに飛びつきすぎとも言える。「ネットも知らないの？」と誰かにバカにされたら、「まだネットなんてしてるの？」と、逆に笑って返せばいいんだよ。

ネットは万能の神でもなんでもない。それどころか、かなりデタラメな情報が飛び交うイカサマ臭いツールだ。情報精度を比べたら、新聞や雑誌あるいはテレビやラジオのほうがネットなんかと比べものにならないくらいに高い。

ネット掲示板などでは、マスコミを「マスゴミ」などと呼んで見下す文化があるようだ。たしかにテレビや新聞などの大メディアは完璧とは言いがたいし、ゴミみたいなミスが目立つのも事実である。

だが、それを言うならネットに載っている情報なんて、それこそゴミ以下ということになるだろう。そもそも現在のネット系ニュース自体、既存メディアが取材した情報を拡散させているだけでましてや匿名掲示板の意見など、素人が無根拠にわかったような口を叩いているだけだ。

そんなネットに依存している人間は、自分が情弱（情報弱者）だと宣言しているようなものだ。少しは恥ずかしいと思ったほうがいい。

それに喫茶店や居酒屋で、スマホの充電切れを恐れて右往左往する奴らのみっともなさといったらない。まるで財布を紛失したように、あるいは自己破産が確定したように、「人生、終わった」みたいな顔でコンセントを探し出すしまつ。

そんなもん、全部錯覚なんだよ。スマートフォンなんて、なくても全然健康で生きていけるんだよ。

腹が減ったら、電話で出前を取れよ。世の中のニュースを知りたかったら、新聞でも読めよ。映画観たいんだったら、映画館に行ってチケット買えばいいだろ。ネットなしでも余裕でやっていけるに決まってる。

ユーチューバー？　単なる目立ちたがり屋だろ、あんな奴ら。自己顕示欲旺盛な、恥ずかしすぎるタレント志願者。

アンディ・ウォーホルが残した言葉「人は誰でもその生涯で十五分だけは有名になれる」

テレビなんかを使わなくても、それを体現するような時代になったということだろう。それ以上でも、それ以下でもない。

――と、いくら俺が声高に主張したところで、ここまで普及してしまった以上、もうネットなしの生活に戻れないという人も多いことだろう。

「だってネットとかスマホって、あればあったで便利じゃん」

では、そこまでして追求しなくてはいけない便利さとは何なのか――。

今、この時間に日本国民が恋愛に浮かれたり、旨い焼肉を生ビールで流し込みながら、好きなタレントの出ているテレビでも観て笑っている間も、中東をはじめとする世界の紛争地では戦火の熱を身体に浴びて少年少女たちが両親を失ない、血を見ながら涙の雨を降らしている。

その子供たちには服もなく、食べ物もない。サッカーボールが夢に出てきては、恋愛や甘いお菓子も諦めながら眠る。可愛がっていた動物たちまでもが感染に冒され、まともな医療環境もなく、食べ物も飲み物もなく、鼻に管を通しながら歪《ゆが》んだマスメディアのカメラに黒い瞳で何かを訴えている。

まだ小学校に通っている少女が、宗教や空爆の恐怖に晒《さら》されながら戦闘員にされていく。

そしてダイナマイトを身体に巻きつけ、自爆テロを繰り返す。

涙が溢《あふ》れてくる。そのことを思うと、本当に泣かずにはいられないのだ。悔し紛れに何かを叫んだところで、自分はクーラーが効いた涼しいファミレスで優雅にこの原稿を書いているだけ。

情けない。可愛そうと思うこと自体が可哀想であり、失礼に他ならない。

終わりのない無意味な戦争を、果てしなき戦火の熱を、誰が終らせることができるのか？

——祈り——

無意味だ。

——願い——

届きすらしない。

何も知らない無邪気な子供たちが、インターネットという言葉も知らずに自動小銃を持ちながら歯を食いしばっている。

空爆なんか俺たちが止められるはずもないし、偽善者ぶって助けに行ったところで邪魔者扱いされるだけだろう。「足を引っ張るな」と撃ち殺されて終わりだ。事態の解決は絶望的に思えてくる。

そもそも平和ボケした日本と戦火に晒された紛争地では、あまりにも環境が違いすぎる。

日本が豊かすぎるからこそ、考えても答えは出ないという面もあるだろう。そんな日本人が、「もっと便利に」なんて言いながらネットにへばりついているんだから笑止千万だ。

俺自身、自分が何もできないという無力さゆえに、中東関連のニュースからはしばらく目を逸らしてきた。ずるいのは百も承知だ。

だが俺はある連中を知り、このあまりにも理不尽で答えがない中東とアメリカの戦争に、「もしかしたら……」と希望が沸々と胸に宿ったのだ。

——anonymous——

アノニマス。ギリシャ語で「匿名」を意味する。

だが、ここで触れるanonymousとは単なる匿名ということではない。世界中にネットワークを持つ匿名ハッカー集団のことだ。これまでに各国の政府や大企業に繰り返しサイバーテロを仕掛けており、何度も逮捕者を出しながら活動を続けてきた。

anonymousの活動形態は、金銭目的ではないところが特徴になっている。

ハッカー＋アクティビスト（活動家）でハクティビストと呼ばれる活動家が、政治的、社会的主張を目的としてサイバー攻撃を展開していく。

その攻撃対象は恐ろしいほどに幅広く、北朝鮮やＦＢＩ、ＩＳＩＬ（イスラム国）にまで及んでいる。特に組織立った集団ではないものの、anonymousが不気味な力を持っていることは間違いないだろう。

anonymousがネット世界を離れて公の場に出てくる場合、一様にガイ・フォークスというイギリス火薬陰謀事件実行責任者の仮面をつけることが多い。その姿が、ますます薄気味悪さを増長させるのだ。

そしてここで俺が問題にしたいのは、果たしてこの薄気味悪い集団は正義なのか、悪なのか？　という部分である。つまり敵なのか、味方なのか――？

サイバー攻撃自体は、目で見て実感できるタイプの犯罪ではない。だからまるでＳＦ映画を観ているようで、俺もいまいちピンとこないというのが正直なところだ。しかし、現実に奴らはいる。

犯罪集団なのは間違いないだろう。だが、個人情報をハッキングしようが、イスラム国と交えようが、ＦＢＩと揉めようが、メキシコの麻薬王の正体を突き止めようが、誰にも危害を加えていないのなら別に問題ないではないか。

実害がなく、大義のある必要悪ならば――。ネット世代の鼠《ねずみ》小僧のような存在ならば――。少なくても俺はそう思う。

俺は、正義というより〝英雄気取り〟でいるように見ている。

——anonymous——


もし彼らが必要悪ならば——。もし戦争に怒りを持って立ち上がるのならば——。

気取りのファッションではなく、義憤にかられた本物の英雄だとしたら——。

戦車に戦闘機に自動小銃にダイナマイトというＩＳＩＬの野蛮な攻撃に対し、ネットを駆使した新たな闘い方で対抗できるかもしれない。

ひょっとしたら彼らこそすべてをハッピーエンドにしてくれる、新時代の救世主なのではないか？

そんな小さな期待をせずにはいられない。

警告 三

イスラム国に告ぐ

アルカイダなどのイラク国内の過激派組織が、国家を作ったと一方的に宣言したのが2014年六月のこと。それから――イスラム国――は残虐な処刑などの恐怖統治で地域住民を制圧しつつ、世界を恐怖のどん底に突き落としてきた。

国際社会から「テロリスト」と勝手に位置づけられた彼らは、アメリカから兵器を買い、石油をドル売りしている。まず、この時点で不自然にもほどがある。

そしてテロリストと呼ばれる兵士たちは、Facebook や Twitter などアメリカから生まれたSNSを駆使して、アメリカに対する情報戦を仕掛けていく。それも iMac や iPad など、アメリカ企業のデバイスを使用しながら……。

乗っている車は日本の TOYOTA。彼らにしてみたら日本やアメリカは敵対国家だが、だからといってその国の製品を使わないという話にはならない。

企業としても、相手がイスラム国だから商品は売らないということは無理。逆にアメリカも日本も中東から石油を買うなと言われても無理なわけで、お互いに何も言えないような状態のまま、事態は推移している。

つまり見方によっては、アメリカとイスラム国はどこかで結びついているとも言えるのだ。そもそもだ。イスラム国は独立・建国したと主張しているわけだから、国際社会がテーブルに着き、国として国交正常化会議等の調整をしていれば、話は変わっていたのではないか。

だが、事態は最悪な状況に進んだ。

日本人も湯川遥菜《ゆかわはるな》さんと後藤健二《ごとうけんじ》さんが拉致された上に、最期は斬首されてしまった。

アメリカ率いる有志連合は空爆による清掃作戦を展開しているものの、長期化は免れないと言われる。そうこうするうちにイスラム国は、世界遺産を破壊するなどのテロ行為をますます先鋭化させていく。

もちろん絶対に許されることではない。だが、同時に背景はあまりにも複雑だ。宗教戦争、9・11の同時多発テロ、石油利権、アメリカの軍事産業、歴史的経緯、各国の思惑——。解決の糸口が見えないようにも思えてくる。

だが俺は、ちょっと見方を変えることで平和に繫《つな》がるヒントも転がっていると考えている。あくまでもイスラム目線で物事を捉えればいいのだ。

そう考えるようになったのは、新婚旅行でマレーシアに行った経験が非常に大きい。

マレーシアは多民族国家だが、国民の九割はイスラム教徒。イスラムが国教ともなっている。

東南アジアに行きたいな。できれば行ったことがない場所がいい。クアラルンプールなんてどうだ？　あるいはベトナムのホーチミンとかさ。

突然、思いついたように嫁に伝えたのは、ようやく俺がささやかな幸せを手に入れた安心感からだったのかもしれない。『遺書』を出版してからというもの、俺の生活や人生観は急速に様変わりしていた。

決死の覚悟で書いた『遺書』によって、ようやく俺は過去の様々なしがらみを断ち切ることができた。だが本が売れたにもかかわらず、太田出版とは次回作の話がなかなか進まずにいて、そのことで俺は足踏み状態を強いられていた。

嫁を食わせるために、なんとか出版を決めたい——。そんな焦燥感から、毎晩のように荒れた暮らしを送っていた。

酒浸りで泥酔を重ねる日常の中で、案の定というべきか、つまらない喧嘩《けんか》を拾ってしまう。

新宿二丁目の disco 店内で、やたらとガタイがいいアジア人に絡んでしまったのだ。

細かい経緯はよく覚えていないが、喧嘩の原因は些細《ささい》なことだったと思う。「ガンくれてきた」とか「やたら挑発的な態度だった」とか、その程度のことだ。吹っかけたのは俺からだったかもしれないが、最初に因縁をつけてきたのは向こうからだった気がする。

だが、そんなのはどうでもいい。一番の原因は俺が酒に飲まれていて、すっかり冷静さを失っていたことだろう。

相手は明らかに喧嘩慣れしていた。素人ではなく、おそらく軍人上がりかなにかだったのではないか。路上に出て向かい合った瞬間、吼《ほ》えながら威嚇《いかく》する俺の眼球を目がけ、強烈な拳を見舞ってきたのだ。

この一撃でガツーンという衝撃が走った。スタンド状態でしばらく脳震盪《のうしんとう》に陥ったが、それでも目が開いた瞬間に速攻でカウンターを返した。ところが、これはおもいきり空振りする。それも当然で、相手はすでにその場にいなかったのだ。

自分では気づかなかったが、どうやら脳震盪は数十秒続いていたらしい。その間に相手は連れと disco の中に戻り、警察を呼ぶよう店側に指示まで出していたという。

スタッフだが知り合いだかわからないが、そばにいた屈強な黒人の男が嫁に向かって叫んだ。

「あんたの連れだろ!?　止めろ、止めろ！」

頭にきた俺が酒の瓶を黒人にチラつかせたあたりで、嫁に言われた。

「もう行こう。お願いやから……」

時間が経つにつれ、冷静になって事態が飲み込めてきた。自分は完全に酒に飲まれていた。しかも安っぽい喧嘩に巻き込まれた上、東洋人の一撃で負けたのだ。

――何やっているんだろうな、俺。まったくよ――

なんだか情けなくなり、その日はそのまま帰宅した。


翌日に起きたら、とんでもない痛みが身体に残っていた。それでも腹が減っていたので前日の件を謝りつつ、メシでも食いにいこうと嫁を誘い、新宿・富久町のハンバーグ屋に二人で入った。

嫁は嬉《うれ》しそうにハンバーグとライスを頼み、俺はビールとハンバーグを頼んだ。だが、ハンバーグがなかなか口に入らない。というより、顎が開かない。

隣では嫁が、美味しい美味しいと口を動かしながら、「なぁなぁ、純士。早く食べや冷めるで！」などと言ってくる。

「いや、なんだか顎が開かねぇんだ。もしかしたら顔面の骨がイカれたっぽい」

こっちは真剣そのものだが、嫁は呑気《のんき》だった。

「そうなん？　あんな喧嘩くらいで骨まではいかへんて！」などと言いながら皿の上の料理

を綺麗《きれい》に平らげ、「じゃあ純士の分までいただくで！」と俺の皿にまで手を伸ばしてきた。

それでも無駄な心配をかけさせたくないという思いから、小さくパクパクと口を動かして食事を摂った。やはり顎のあたりがべらぼうに痛い。

「あかん。お腹いっぱいで幸せやわ……」

自宅に戻ると、嫁はヨダレを垂らして眠りこけた。

――マジかよ。俺よりタフだ。しかも食い過ぎだろ――

そんなことを考えながら仰向けになり、タバコに火をつけた。すると、再び顎に激痛が走る。

これで俺は、眼窩《がんか》付近が割れていると確信した。数年前に反社会的な連中とゴチャゴチャ揉《も》めたとき、右側の眼窩低を粉砕骨折し、病院に運ばれてチタンを埋める大手術をした。そのときと同じ感覚だったのだ。

俺はぐっすりと眠る嫁をなんとか起こしてから、病院に行きたいと伝えた。

「まったく大袈裟《おおげさ》やな……。ハンバーグむにゃむにゃ……」

むくっと飛び起きた嫁はまだ寝惚《ねぼ》けてはいたものの、急いで用意をすると、東京女子医大病院の夜間救急センターに付き添ってくれた。

新宿で育った俺にとって、この東京女子医大病院は幼少期からの馴染《なじ》みの存在。今回も話はスムーズだった。時間外ではなかなかしてくれない処置も頼み込んで、ＣＴまで撮ってもらった。

病院の待合室には様々な人種がいる。ピリピリと張り詰めた空気の中、自分の順番を待っていると、突然、嫁が笑い出した。変な人種を発見したらしい。

それは映画『リング』の貞子のように不気味な女だった。男と一緒にいるが、明らかに覚醒剤依存カップルといった様子である。黒いパサパサの長い髪と、邪悪な切れ長の目はホラー要素１００％。口を半開きにしながらレントゲン室を飛び出してくる様子は、病院に棲《す》む幽霊そのものだった。

あまりに強烈なインパクトのシャブ中女。その姿を見た瞬間、嫁は声をひきつらせて笑っていた。

「あかんて、あれは……。ホンマにあかん奴や……。笑いすぎて死ぬ……」

つられるようにして俺も笑い出す。さっきまでの憂鬱な気分は、シャブ中幽霊女のおかげでどこか吹き飛んでしまった。

そうこうするうちに看護師に呼ばれて診察室に入ると、医者からはＣＴ画像解析の説明を受けた。眼窩低と顎のあたりから頬までの骨が粉々に粉砕していた。

――やっぱりな。またチタンか――

ようやく嫁も事態の深刻さが飲み込めたようで、力なくつぶやいていた。

「純士……。これ、あかんやつや……」

即入院ということになった。数年前に執刀してくれたときと同じ形成外科の教授にオペを依頼する。そして、これを機にもう酒をやめることを嫁に誓った。

酒は冷静さと理性を人間から奪っていく。意味もない喧嘩に巻き込まれ、しかもあんな東洋人にも勝てないなんてカッコ悪過ぎる。

数時間に渡る全身麻酔のオペは無事に終わり、俺の顔はチタンだらけになった。嫁は入院期間中、毎日付き添ってくれたが、病院から目と鼻の先にある太田出版の連中は見舞いにすら来てくれなかった。

退院してから、夫婦揃《そろ》っての断酒は順調そのものだった。

酒をやめた俺たちは老夫婦のように早寝・早起きの生活を続け、門限は夕方の五時。当然、みるみる体調もよくなっていく。

『遺書』出版によって身に危険が降りかかるのを避けるため、外出は極力控えていた。そのように提案してきた太田出版の態度にムカついたのは事実だが、結果的に俺たち夫婦にとってはよかったと思う。人間らしさを取り戻す期間となったのだから。

無駄金を使いたくなかったこともあり、家に引きこもるようになった俺は、まるでニートのようだった。たまに自転車でぶらりと出かけたり、近所を軽く散歩をするのが息抜き。そして自宅に戻ると、妻の作る料理に舌鼓を打つ。

携帯もない有様だったので仲間と連絡を取る機会は減ったが、その分、余計なトラブルに巻き込まれずに済んだ。

贅沢《ぜいたく》を削ぎ落としたシンプルな生活。余計な人間関係も邪魔臭い連絡を断ち切って、嫁と二人で当たり前だがささやかな幸福を追求した時期ともいえる。

幸せだった。ガキの頃からアウトローの道を全力疾走してきた俺にとって、いつも何かに追われていた俺にとって、何物にも代えがたい贅沢な時間に感じた。当たり前のことがずっと当たり前でなかった俺にとって、生活のすべてが新鮮だった。ようやく心の平安を手に入れた気分だった。

「どしたん、急に？　純士が行くんやったら、ついていくで……」

アジアへの新婚旅行を唐突に提案された嫁は、鳩《はと》が豆鉄砲を喰《く》らったような顔をして驚いていた。

だが機上の人となる前に、俺にはやるべきことがあった。全身麻酔をかまして、上の歯十四本を一気に抜いたのだ。

特に深い理由があったわけではない。ただ眼窩低のオペ直後なら気が楽だろうと、ふと思いついたのだ。それにネットの噂《うわさ》などで「瓜田は歯がないいんじゃないか？」「歯が汚いから、blogの写真は歯を隠している」などと以前から揶揄《やゆ》されていたことも癪《しゃく》に障っていた。

たしかに俺の歯は、人様に見せられるものではない。虫歯をろくに治療せず放置していたため、膿《うみ》が溜《た》まっていたということもある。それに加えて地下格闘技の試合に出場しては散々っぱら殴りつけられていたので、グチャグチャになっていたのだ。

だったらいっそのこと、全部抜いて綺麗にしてやろうというわけだ。歯がどうだとかガタガタ言われたら、「もう全部ないんだよ。ごめんね」とカッコつけて言いたい。そういう屈折したナルシズムが俺にはあるのだ。

ちなみに本稿執筆時は、新たに歯を作って義歯を入れている。マレーシア旅行のときには歯茎だけでもチキンや機内食などは食べられるようになっていたが、それは飲み込んでいるだけであって、非常に消化に悪いのだ。

オペ室から出て、歯茎だけの口を開いて見せたら、嫁はゲラゲラ笑い転げて写真を撮ってきた。こっちは高熱でうなされて、死にそうだというのに――。

「あかん！　純士、それアヒルやって！　〝ゲコ！〟って鳴いてみぃ」

そんな調子で俺のことを小バカにして笑う嫁だったが、マレーシアではパスポートを紛失。大変な騒動に巻き込まれてしまう。

犠牲祭なるイスラム教徒の国民的祭日（パブリックホリデー）。そして、それに挟まれて帰国すら危うくなる二人の旅だった。


「せっかくの国外なんだからさ。久しぶりに飲もうぜ。誰も見ていないんだし」

七ヶ月続いた断酒の誓いは、成田空港であっさり破られることになった。搭乗のイミグレとゲートを出た瞬間、免税店付近のハンバーガー屋で久しぶりにビールを流し込んだ。

——旨ぇ。七ヶ月ぶりのアルコールは半端な旨さじゃなかった。

なぜか罪悪感にも襲われたが、それ以上に酒の魔力を思い知った。飛行機に搭乗してからは、ワインだビールだと連続して頼み続け、クアラルンプール国際空港に到着する頃には夫婦でへべレケだった。

この旅行での俺は、全身はおろか顔面にまでたっぷり入った自分のタトゥーを危惧していた。出国は可能でも、入国はできるのだろうか？

だが、そんな考えはまったくの杞憂《きゆう》に終わる。マレーシアはタイと並んで、東南アジアでも有数のタトゥー先進国だったのだ。

そのまま空港から数キロのホテルにチェックインした俺たち夫婦は、ホテル内にあるCrossroadという小洒落《こじゃれ》たバーに入り、1000リンギット（日本円で三千円ほど）のビールを注文。ボーイ相手に慣れない英語を駆使しながら、なんとか身振り手振りでクアラルンプールで一番賑《にぎ》やかな繁華街を聞き出した。

どうやらブッキビンタンという繁華街が一番賑やかなようだ。discoもいくつかあるという。とりあえずホテルのそばにあった屋台でナシゴレンだのビールだのを頼んで腹ごしらえをして、タクシーでブッキビンタンに向かうことにした。ちなみに屋台の料金は二人でたらふく食べて60リンギット。日本円で百八十円程度だ。

——Crossroadのビールが1000リンギット？　ボッタくったな、小僧——

ムカつく感情が若干込み上げてきたが、ここは勝手がわからない異国の地。取り急ぎ深夜のドライブをスタートさせることにした。

ハイウェイから見る夜景は、あまりにも美しかった。日本とは建物やライティングに対する金のかけ方が違う印象。東南アジアだけあって、物価もすこぶる安い。

ブッキビンタンはいかにもアジアの繁華街といった感じで、熱気と活力とアルコールの匂いが混じったようなエネルギーが渦巻いていた。

ひしめき合う店、激しい音楽、外国人観光客を誘う熱い視線……。こいつはいい。俺も虜《とりこ》になりそうだった。

遊び慣れていた頃の勘に頼って、Havanaというdiscoに入った。店に入った瞬間、ビリヤード台のある二階席に向かう。すると、背が高いジョニー・デップ似の白人に声をかけられ、ビリヤードの勝負をすることになった。

正直言って、俺はあまりビリヤードが得意ではない。ところがジョニー・デップ似のそいつの下手さは尋常じゃなかった。しかも下手糞《くそ》なくせして異常に負けず嫌いで、何度も挑戦してくる。

あまりにもしつこいので、嫁と交代してトイレに行った。トイレから戻ってみると、俺よりもっと下手な嫁にもボロクソに負けていた。

そうこうしているうちに、そいつの連れが急に「出番だ！」と叫んでホールに消えたので、ジョニー・デップ似と嫁と俺で後を追うことにした。

ジョニー・デップ似の連れは、バンドマンだったようだ。アジアのclubやdiscoはバンドが生演奏をする場所が多い。ライブ演奏はなかなかのもので、連れのベースプレイも堂にいっていた。

見渡すと、Havanaの店内には二百人は下らない若者がうごめいていた。白人、黒人、それに多数の外国人がいて熱気が飛び交っている。

どうやら俺と嫁は、間違えてバンド控え室のＶＩＰルームに入ってしまってようだ。俺の見た目からか、バンドメンバーの仲間と思われたのだろう。

ジョニー・デップ似が、ドヤ顔で言った。

「俺はこの店で顔が効く。何でも聞いてくれ」

試しにドリンクの注文方法を聞いてその通りにしてみたら、見事に違っていた。おいおい、勘弁してくれよ。思わず苦笑いする。非常に胡散臭《うさんくさ》い男だが、ただ別に悪い奴ではなさそうである。

そんなこんなでジョニー・デップ似と仲良くなり、そのまま次の店に行った。

どうやら次の店も流行りのclubのようだ。久しぶりの酒で酔った俺は、ＶＩＰルームに行って偉そうにしながら、酒を何杯も飲み、今度はリチャードというアメリカ人と知り合った。

そこで言われたのは、リチャードの誕生会をやるから俺たちも家に来ないかということ。それならば、ということで嫁と一緒に行くことにした。もちろん店の会計はリチャードたちに払わせたが――。

ブッキビンタンの交差点に、外車のシボレーがスタンバイしていた。そのシボレーには、リチャードのルームメートのエイミーという女友達も乗っている。ホームパーティ用ビールケースをトランクに運ぶのを俺も手伝っていたら、けたたましくクラクションが鳴らされる。振り返ると俺のせいで、かなりの渋滞を起こしていた。そそくさとエイミーのシボレーに乗り込み、リチャードのアパートに向かった。

アパートには、あっという間に着いた。リチャードやエイミー、それにその仲間も加わって、六人で朝までビールで盛り上がる。

途中、リチャードの弟がパーティに加わることになった。おそらくまだ十四、十五歳くらいだろう。ませた奴で、隣でマリファナをふかしている。背伸びしたところで、しょせんはガキだ。そんな様子に思わず笑ってしまった。

そろそろホテルに帰ろうかと嫁と話していたら、エイミーがとんでもないことを口走る。

「本当のパーティは明日なの。わたしの家よ。プールもあるし、たくさん人も来るの。純士たちを皆に逢《あ》わせたいから来てね！」

——今日のこれは誕生日会じゃないだと？　本当の誕生会はいつなんだよ——

エイミーは俺たちをホテルの駐車場まで送ってくれた。部屋に戻ると、嫁は大はしゃぎでホテルに備わっている砂糖だの coffee のクリープをカバンにしまっている。「何やってるんだよ」と聞くと、嫁は「もらえるもんは何でももらとこ!」と当然の権利を主張するかのように答えた。

——まったく……。バチが当たるぞ——

翌朝二人は、すさまじい二日酔いで死にかけた。

七ヶ月ぶりの酒を浴びたのだから当然なのだが、とにかく頭痛がひどい。おまけに酒のせいで俺は、リチャードのビーチサンダルを自分のやつと間違えて履いてきてしまった。誕生会の主役なのに、申し訳ないことをしたものだ。

ところが、そんな様子を見て嫁はゲラゲラ笑い転げている。

——バチが当たるって……——

俺は苦笑いするしかなかった。

coffee を飲みながら夜の計画を立て、再びブッキビンタンに繰り出すことにした。今度は電車で行くことにする。KLCCという駅を出ると、絶景なツインタワーに馬鹿デカい商業ビルと綺麗なイルミネーションが目に飛び込んできた。

ひとまず二人でブッキビンタンに向かいながら、タトゥーショップを探す。ショッピングセンターまでたどり着くと、そこにはたくさんの店がきらめいていて非常に賑やかだ。coffeeとハンバーガーを買ってプラプラと歩いていたら、タトゥーショップが見つかった。

タトゥーの料金は、日本とたいして変わらない。安くしろと交渉したが、時間的に無理な模様。嫁にはタトゥーは諦めてリチャードの家に行くことを提案したが、「純士ならタダになるんちゃう？　言うたもん勝ちやで！」となぜか強硬に主張する。

――本当にバチが当たるって……――

しつこい嫁をなんとかなだめて、ショッピングセンターを出た。すると、旨そうな屋台を発見した。

その頃になると歩き疲れていた。チキンにナシゴレンだのカレーだのを盛り込んで口に運んでいると、真っ青な顔をした嫁が口をブツブツ動かしていた。

「どうしたんだ？」

「……アカンわ……。パスポートを落としてもうた……」

東南アジアでのパスポート紛失は死刑宣告に等しい。

周りを観察してみると、目の血走ったスリや、イスラム系の袈裟を着た目の据わった連中が派手な俺たちを凝視している。

「シャレにならない。一度冷静にカバンの中や財布を探すんだ」

「財布もパスポートも、全部ない……。ホンマおわったわ……」

パスポートだけはホテルの金庫にしまうよう強く言っていたのにもかかわらず、嫁はリチャードやエイミーの誕生会で張り切り過ぎて持ち出していたらしい。

――本当にバチが当たりやがった……――


こうなると、もうリチャードたちの誕生会どころではない。

東南アジアでのパスポート紛失が、どれだけ深刻な事態か？　俺は数年前に一度、Thailand のバンコクで誤認逮捕をされた。その保釈中にバンコク・チェンマイに一ヶ月も滞在する羽目になったのだが、現地にいるギャングの友人には何度も口を酸っぱくして言われたものだ。パスポートだけはなくすな、と。

結果は向こうで骨を埋める覚悟で、大量の小型拳銃のベレッタやＣＯＬＴの38口径と弾薬を数千発。さらにはＭＩ６ライフルまで調達したが、あらゆる手段を用いてワイロを払い、クリスマスイブの夜にはルンピニースタジアムにタイ式ボクシング（ムエタイ）観戦に来ている日本人観光客のレストランディナーの席に、腹を鳴らしながら「どうも。不動産関係でバンコクに来た寺田と申します。バンコクははじめてですか？」と、偽名と笑顔で近づいて「寺田さん、よかったら」と誘われてクリスマスディナーにありつき、犬の様に食らい付く俺は邦人の夫婦に凝視された。

あのときの〝寺田〟が俺だと、ディナーを誘ってくださった夫婦に、この場を借りて御礼をしたい。助かりました。本当にありがとうございました。


さて、マレーシアに話を戻そう。

嫁は東南アジア系の顔をしている。日本のブローカーがマレーシアに飛んで現地の女と偽装結婚したり、偽造の旅券を作って帰国させる犯罪が後を絶たない。しかも嫁の場合、入籍後に緊急でパスポートを作らせたのはいいが、発給されたパスポートは旧姓のまま。新たにマレーシアでパスポートが発給されたとしても、帰国旅券は瓜田姓になるはずだ。これは話がやっかいである。

完全に帰国すら危うい。閉店したショッピングセンターを大声で開けさせ、清掃員たちにも喝を入れ、全階全floorを探させる大騒動となった。嫁は泣きじゃくりながら、力なくつぶやいている。

「たぶんスラれたんや……。もうマレーシア人になる……」

最後に入ったという女性トイレも確認したが、そこにもパスポートはなかった。リチャードたちの誕生会に備えてメイクを張り切りすぎた嫁は、そこにポーチやサイフなどすべてを置き去りにしてきたのだ。

紛失したか、スラれたのかはどうでもいい。大事なのはすぐにPolice Boxに行ってPolice Report（何時にどこで何があったかなどを記入する、日本でいう紛失盗難届けの類いだ）を作るということ。じゃないと、ますますマズいことになる。

タイムズスクエアまで走って小さなPolice Boxに着くと、とにかく緊急事態である旨をまずは伝えた。するとライフルを所持したPolice二名が俺達をパトカーに乗せ、クアラルンプールセントラル最大の警察署まで連れて行ってくれることになった。

ただ、そこで奇妙に感じたこともある。なぜか警察署には刑務所が併設されていたのだが、「近くの銀行などは全部閉まっている。なんでこの刑務所しかやってないんだ！」と騒ぐ白人の観光客がいたのだ。

そのことをPoliceに聞くと、たまたまその日はイスラム教徒の最大級の祭り「犠牲祭」だということだった。イスラム系の人間は牛を生け贄《にえ》にして、何年かに一度、ボイルで肉を食べまくるという。わが国でいうところの元日、正月的な祝日に相当するのだろう。すべての公的機関は祝日になっていた。

空港すら、職員の一人二人しかおらず、すべての航空便が停止していた。

1dayのパスポートを発給するにはPolice Reportが必要だったので、Policeたちは「パブ

リックホリデー！」と騒ぎながらも、スマートフォンの日本語変換アプリで
《何も心配しないで。すべて大丈夫。グッドラック！》
と、液晶画面を見せてくれた。

最悪の事態は回避できそうだということで、クアラルンプールセントラルプリズンの目の前にあるng《エヌジー》というレストランに入り、嫁と飯を食べることにした。

すると、どうやら周りが怪しい。ターバンを巻いた白い目のイスラム系の連中が、ヤバい目つきで俺たちを睨《にら》みつけている。その目は完全に血走っていた。

注文したアイスコーヒーが、なかなかやってこない。ひょっとしたら、わざと持ってこない可能性が高い。

こういうときの俺は危機管理能力が異常に高い。やっときたアイスコーヒーのグラスと、ナシゴレンのペーパーナイフで、万が一の際は数人と交えれるように戦闘体制に入った。

そんな雰囲気を察して心配した嫁が、「純士、今日はありがとう。疲れたやろうからホテル戻ろ……」と言ってくれた。

会計を済まして席を立つと、相変わらず周りが睨みつけてくる。血走った目は、明らかにクスリのそれではない。

マレーシア首都圏の飲食店では、店内にあるテレビモニターでいつも総合格闘技の映像かフットボールが中継されている。

ところがこの日のテレビ画面では、シルベスター・スタローンのような顔をした鼻の高い男が、黒と白の旗を掲げながら何かを叫んでいる。その様子を観て、店の客も熱狂的に騒ぐ。あの顔は忘れられない。

テレビ画面に映った男は、今思えば後藤さんや湯川さんを殺害する際にイスラム国が使ったイギリス人ラッパーのジハーディ・ジョンソンとそっくりだった気さえする。

タクシーでホテルに戻ると、日本に帰る手段を考えながらテレビをつけた。

そこでは不気味な歌に合わせるように、黒と白の旗を掲げた連中がゾロゾロ歩いている。マシンガンを持った彼らは、英雄のように犠牲祭を楽しんでいた。つまりはイスラム圏で放映される場合、一部では彼らは英雄扱いされるのだ。

結局、パスポート紛失の件は、日本大使館と総領事館を時間外で無理矢理開けさせて、現地で中国系マレーシア人のフィルという恩人と出会い、その助けも借りて普通は時間的に無理とされるイミグレの手続きを強引に済ませて、あてにならない在日本人大使館のバカどもの公的手続きをすべてシカトして、なんとか無事に帰国する段取りを整えることができた。

イミグレからターミナルまで送ってくれたフィルには、こう言われた。

「純士はラッキーだった。たまたま額にサードアイ（三つめの目）のタトゥーが彫ってあったから。邦人イスラム教徒の信仰者と思われたから道は開き、すべてスムーズにことが進んだのだ」

この言葉に偽りはなかった。俺たち夫婦がイスラム教徒の信仰者と思われたからこそ特別扱いされたのは本当に大きい。そして多大なる感謝をしている。


腐敗したアメリカの犬、わが国・日本がイスラム国を凶悪なテロリスト集団だと大々的に報道したのは、それから数ヶ月経ってからだ。同じ映像が流れても、マレーシアで観たときとはまるで違う報じ方をしている。

アメリカは貿易センタービルに飛行機でテロを仕掛けられたあと、アルカイダを壊滅まで持っていくことができなかった。それは、裏で連中とアメリカは繋がっていたからじゃないのか？　俺は、そんなふうに疑うこともある。

イスラム国の他にも、中東にはアンサールやシリアラッカ付近だけでも強烈な過激組織がいくつもある。

いずれにしても中東に生まれてくる子供たちは、学習ノートもなく、アメリカやフランスに空爆され、ボロボロの衣類に身をまとっている。

そして自爆までして、悲しき戦争を続けているのだ。そのことを考えると、これを書きながらも涙が出てくる。

本当に話し合えないのか？　本当に暴挙なテロリストなのか？

これは対岸の火事なんかでは決してない。国民がもっと想像力を働かせて、もっとリアルに考えなければならないことだと思う。

最後になったが、「自分が向こうで生まれていた――」と、一度はそういう角度から冷静に考えてみてほしい。みんなが、本当に――。

警告 四

川崎中学生殺害事件に告ぐ

川崎中学生殺害事件。これは本当に憤慨と怒り以外の言葉が見つからない。

この事件について俺がインタビューに答えたネットニュースの記事があるので、まずはご覧いただきたい。


平和を愛する〝元アウトローのカリスマ〟瓜田純士が川崎中1殺害事件に提言「チンコロする勇気持て」（日刊サイゾー）

「少年よ、チンコロする勇気を持て」

〝元アウトローのカリスマ〟こと瓜田純士（35）が、川崎中1殺害事件に憤怒。同じような悲劇を繰り返さないための対策として、「もし怖い先輩に脅されて困っている子がいたら、今すぐ周囲の大人を巻き込んで警察に通報しなさい」と呼びかけた。また、親の目が

行き届かない環境を減らすため、そして暴力的な映像を子どもたちに見せないためにも、「親は子どもにスマホを買い与えるべきではない」と力説した。

川崎中1殺害事件を聞き、居ても立ってもいられなくなった瓜田が、日刊サイゾーに思いの丈をぶちまけた。自身も不良時代に幾度となく大人数に囲まれ、リンチされた経験を持つ瓜田だが、「わずか13歳の子が、万引きを断っただけで4つも5つも年上の連中に深夜の河原へ連れて行かれ、冷たい川を泳がされ、シメられて……。彼がどれだけ怖い思いをしたのか、俺でさえ想像を絶するよ。二度とこんな事件が起きちゃいけない。そのためには世の中が変わらなくちゃいけない」として、各方面に怒りの緊急提言だ。

（略）

――事件の約1カ月前、上村君がケガをしていることを知った、上村君と親しい先輩のグループが、加害者の18歳少年A宅に謝罪を求め押し掛け、警察も出動する騒ぎがあったようです。その一件で「チクられた」と根に持った少年Aが、上村君の殺害に及んだと見られています。

瓜田　少年A宅に乗り込んだ先輩グループの男気には感動しますけど、ここまで相手が悪質だと、子どもたちの間だけでトラブルを解決しようとしても、それは難しい。少年Aの親から通報を受けて警察も駆けつけたらしいですけど、現場での騒ぎが収まれば、警察の役目はそこで終わりです。だけど、被害者が親同伴で学校の先生も巻き込んで警察に駆け込んでりゃ、そうはならない。警察は細かい内容に耳を傾けざるを得ないからです。「警察はアテにならない」という声もよく聞くけど、そんなことはない。天下の警察を、もっと信じろと言いたい。もし今、怖い先輩に絡まれて困っている少年がいたら、親に相談して警察に駆け込めばいい。親がアテにならないなら先生、先生もアテにならないなら自分ひとりで警察に駆け込んでチンコロ（密告）しなさい。もし自分も悪いことをやっているなら、それを洗いざらい白状してから、周りのもっと悪い奴らの悪事をすべて告げ口してやればいいんです。

——密告がバレた場合の報復が怖い気もするのですが。

瓜田　報復が怖かったら、家から一歩も出なけりゃいいんです。家にヤカラが来たら、その都度、110番通報すればいい。

——元アウトローで元格闘家の瓜田さんですから、「腕力を鍛えて相手と戦え」とでも言うのかと思いきや、「警察に頼れ」とおっしゃるとは、意外です。

瓜田　これはすべての不良少年に言いたいんですけど、立ち向かう勇気は真の勇気じゃない。立ち向かうよりも、チンコロするほうが、よっぽど勇気があるんです。

——不良少年たちの間では、「警察に泣きつくのはダサい」という考えがあるのでは？

瓜田　警察に言うのは恥ずかしい、地元の仲間や先輩にバカにされる、だから気乗りしないけど悪いことを続けよう……っていう考え方ですよね？　僕も昔はそうでした。でも、それこそが、超ダサいんですよ。本当に根性があって本当に筋が通った奴は、「邪魔しないでくれ」と言えるんです。メンチを切り合うよりも、「今忙しいんで」「部活があるんで」と言って目をそらせる奴のほうが、勇気がある。僕は目を閉じる勇気がなくて見ちゃっていたから、トラブルだらけの人生になって、何度も命を落としかけた。目を見る勇気は誰にでもある。でもそれは、怖いからこそ相手を見てしまい、相手の土俵に乗ってしまっているだけ。例えば駅で変な奴に絡まれたときに、「上等だ！」ってやり合うのは一見勇気があるけども、それによって、自分や、自分の愛する人や、周囲の人がケガをしてしまったら意味がない。駅員さんに「変な人に絡まれているので、警察を呼んでください！」と言える奴のほうが勇気がある。一緒にいる友人や知人に「ダサい」「弱虫」と思われようが、それは氷山の一角の評価であって、駅にいるその他大勢から見て勇気があるのは、真っ先に「誰か助けて！」という声を上げられる人なんですよ。

（略）

少年法？　もういい加減にしろよ、政府のバカどもは。今時のガキはマセているんだから、少年法もクソもないんだよ。

なんなんだ？　この事件に限らず、つまらん理由で弱者を殺害する外道どもは。俺に殺されたいのか？

少年法に守られている？　出てくる日を調べて、メチクチャにしに行くぞ。たとえ悪党や極道になったとしても、外道まで堕ちてはならない。こいつらは自分たちだけは大丈夫だと勘違いしているのか？

今、目の前に犯人がいたら、顔面をバーナーで焼いて、両の腕を軍用のナタで切り落としたいところだ。

センズリして射精できるんだったら、もう大人。全員晒《さら》しものにしてやればいい。警察には警棒が折れるまでブン殴って、拳銃をこめかみに当ててロシアンルーレットでもやってほしいくらいだ。シャバに出ても殺されるかもしれないという恐怖心を与え、まずは精神的に殺してほしい。

それにしてもこの加害者たちの親も、産んだときはまさか自分の子がこんなことをするようになるとは思わなかったはずだ。被害に遭ったカミソン君のようにサッカーをしたり、彼女ができたりと、希望を胸に育てたことだろう。周囲から可愛がってもらった上で、ここまで十八年も生きてこれたわけであって。

被害に遭ったカミソン君の親はもちろんだが、外道どもの親や親戚もつらくてたまらないだろう。それを、てめぇらの器量と度量だけで生きてこれたと勘違いしてんのか？　たかだか十八歳のガキどもが……。

俺も人のことをとやかく言える立場じゃないが、十八歳の頃はもう立派な和紙の名刺を持ち、ヤクザとして親分のボディーガードをしていた。下の者を食わせて、シノギもしていたぞ。

なんなんだ？　時代か？　こんなにも違うのか？

それとも、お前らは俺に殺されるために産まれてきたのか？　それくらいに許されないことだぞ。ただ、ほとんどの国民が俺と同じような思いをしていると思う。実際、これを書いても怒りで震えるほどだ。

少年法ってなんなんだ？　時代ってなんなんだ？

甘えん坊も身勝手もいい加減にしろよ、クソガキどもが。

まぁてめぇらの収監先やら留置場やら何から何まで調べて本書を無理矢理送りつけるから、小便漏らしながら正座して読めよ、この野郎。

俺は本当に何するかわからないから用心しろよ、小僧どもは。

なぜ俺が、この事件に関して声を張り上げずにいられなかったか？

それは「地元の大人は何をやっていたのか？」という疑問があったからだ。もっと言ってしまえば、「なぜ地元の不良がシメなかったのか？」という憤りだ。

川崎といえば、某指定暴力団の中でも屈指の武闘派で名を馳《は》せるUという組がある。その地元だけに、二十歳から三十歳くらいに渡ってギャングだの不良グループだのが蠢《うごめ》いている地域なのだ。

そいつらが問題の少年グループに対し、生意気だと教育というかヤキなり威圧なりをしなかった理由がわからない。

それとも、そんな連中にすら知られていない、本当の子供グループだったのか？

俺ですら数年前に川崎駅周辺のclubイベントに顔を出したら、地元勢のヤクザの方々にすごまれたことがある。そのときは非常に迫力があったのを思い出す。それくらい川崎というのは地元意識が強いのだ。


当たり前の話かもしれないが、俺くらいの年齢になると、暴走族とかギャングを見ても怖い存在だとは別に思わない。むしろ「可愛いのがまだいるんだな」と感心するくらいだ。

コンビニの駐車場に単車やアメ車が停まっていれば、「買ったばかりか？　今度くれよな」

などと冗談交じりの軽口を叩《たた》くこともある。そいつらもそいつらで、「それは勘弁してくださいよ」なんて可愛く挨拶を返してきたりもする。

だが、そんな俺にはペコペコするような連中だって、地元の若い奴らの前では怖い存在として振る舞っているのかもしれない。

さらにいうと、そんな連中の様子を若いバイト中のコンビニ店員は「恐いな……。早く消えてくれよ……」くらいに思っているかもしれない。

そういうふうに考えてみると、俺もこれからは軽はずみな行動はできないなと思う。不良に対する感覚が麻痺《まひ》している部分も大きかったと思う。

今までは知らない街で不良少年を見かけても、俺からすれば可愛いものだから、「おう、門限までには早く帰れよ！」なんて軽い気持ちでからかっていた。だが、ひょっとしたらそんなガキだって川崎中学生殺害事件の加害者みたいな奴かもしれないのだ。こっちが見ていないところでは何をしているかわからない。

もちろんそんな子供の不良でも、大人でもやらないような犯罪をやらかしたら話は別だ。そんな軽率な真似は、二度とこの国でさせない。

そもそも俺はこのご時世にあって時代遅れの、超アナログ人間。インターネットはおろか、人と繋《つな》がるSNSだの、LINEだのを一切やっていない。

自分がネットに疎くて嫌いだから主張するわけではないが、現代人はネットとスマホに依存しすぎな気がする。俺自身、自分で携帯を持たなくなってから、無駄なトラブルやつまらない出逢《あ》いが一切なくなった。

今回のガキどもは、ちょうどこのLINEだのTwitterだのFacebookだののドストライク世代だという。

しかし、昔も今もイジメの原因を突き詰めていけば、言った・言わないだの、誰々が誰々の陰口を叩いただの、つまらない理由であることには変わりはない。単にツールが変わって、参加人数も増えることで、より陰湿になっているだけなのだ。

大体において俺が疑問に思うのは、なぜ中学生や高校生の分際でスマートフォンを持てるんだ？　ガキの名義ではダメなはずだが――。

要は親が買い与えているか、同意書を添えているんだろ？　しかも安くないだろ、スマートフォンって？　親が甘過ぎやしないか？

俺たちがガキの時代はポケットベルが主流だったが、それでも十分だったわけで、さらには親の時代なんて黒電話だろう。

母子家庭の俺の家では、クタクタに疲れたお袋に向かって「あれ買ってくれ」だの「これ欲しい」だの口が裂けても言えなかった。いつも睡眠不足で、俺と年子のひとつ上の兄貴のために朝まで働いていたからだ。

今のガキどもは、「誰々くんも持ってるから、俺も欲しい！」とでも言えば買い与えてもらえるのか？

そんなに日本は景気がいいのか？　アベノミクスだかのおかげで。

おそらく親バカ心で、子供と連絡を取るために必要なんて言って、自分ら親も家族割だかで使っているんだろ？

バカじゃねぇの。ポケットベルとテレフォンカードで十分なんだよ。俺はいまだに公衆電話使うぞ。

結局、無料通話アプリなんかがあるから、親に請求書が回ったところで何をやっているのかバレやしない。だから、ガキはその気になって調子に乗るんだろ？　有料なら、そんなことしないはずだよ。

大人の一万円〜二万円が、中学生や高校生にとっては千円〜二千円の感覚だろう。小遣いから百円〜二百円も使うならバカらしくてやらないはずだ。

まずは親バカをやめて、子供にスマートフォンなどは持たせない。持たせるなら、厳しく検閲する。そのくらい、どこの家でも今すぐできるはずだ。

仮にすぐできなかったとしても、今回のような事件が起こった以上、教訓として胸に刻んでほしい。

わが子を心配する気持ち、カミソン君への追悼の念――。みんなで声をかけ合って、二度と悲劇を繰り返さないようにするべきだ。


それと俺が懸念しているのは、この事件が風化しないかということだ。とにかく情報が氾濫する今の世の中では、ニュースが次から次へと流れてきて、世間もすぐに過去の出来事を忘れてしまう。

だが、待ってほしい。これほどの悲劇を忘れてしまうほど、みんなは自分のことだけに一生懸命なのか？

よく「忙しい、忙しい」と人は言うが、そいつらはdocomoやau、softbankに電話して子供の携帯を止めてもらう暇さえもないのか？　なんかあれば、警察に通報する暇もないのか？　そいつらは二十四時間ワープロでも打っているのか？　リゲイン飲みながら――。

そいつらは寝る以外、両手が塞がるほどの水道管や足場の金具や工具片手に働きっぱなしなのか？

「そんな暇はない」「今バタバタしてる」「移動中だ」などと言う奴もいるが、そいつらは四六時中フェラーリでも運転しっ放しなのか？　ガソリンも入れずに走行しっ放しなのか？　毎晩毎朝、食事もセックスもしないで、為替だ日経平均株価だのを永久に目で追っているのか？　そんな奴、この世にいるのか？

何かにつけて理由や言い訳を口にするが、要するに少しの時間すらも自分のこと以外には使いたくないんだろう。

まぁそういうすべてを他人のせいにしかできないような寂しい奴らは、一生、俺の人生と関わることもないと思う。だが、そんな奴らですら、もし偶然このページを見ているなら、心して聞けよ。

おい、いつも「忙しい」だの「暇はない」だの言ってる奴ら。

てめぇら、今、本屋で立ち読みか？　ずいぶんと暇人だな。

ビル・ゲイツやソフトバンクの孫正義なんかは、この立ち読みの数分間で数億円動かしているぞ。

まぁそういう口では「忙しい、忙しい」と言っている暇人どもは、隣近所で少年少女が殺害されたり、誘拐されても、当事者意識なんて持てないだろう。そして家に着いたら、「うちは気をつけような」みたいなことを呑気《のんき》に言うのかもしれない。いつか自分たちが痛い目に遭ったとき、せいぜい後悔でもしとけよ、屑《くず》が。

そして見てるか？　加害者と、加害者の親族と、友人・知人に、学校と、川崎警察署の一山《ひとやま》いくらのバカな警察官――。てめぇら、本当に頭大丈夫か？

特に川崎警察署の少年課のバカ。

てめぇらなんか捜査員が非番で休みに川崎辺りのヘルスでも行って、安い風俗嬢のオマ◯コに顔を埋めて舐《な》めながら、勃起しているんだろ、クソが。

なんで捜査員総出で河川敷の遺留品を捜すのに、天下の日本警察があんなに時間かけているんだよ？

なんでブルッてパパと一緒に出頭した加害者の小僧を殴りつけるような正義感のある警官がいなかったんだよ？

俺がお巡りなら、ホルスターから道具抜いて足に二、三発は弾《はじ》いてるぞ。

そして加害者の小僧どもは逆送で地検、地裁で無期が求刑されるだろうから、俺は面会に行かせてもらう気でいるよ。

面会時間ギリギリまで、精神を崩壊させるレベルの嚇《おどか》しはしっかりかけにいくからよろしくな。

本当に浮かばれない。本当に悔しいよ。

いいか、周辺の連中。

本当に強い奴らは「やります！」「やれます！」と言うより、「辞めます！」「無理です！」と断ることができるんだよ。

暴走族もチーマーもギャングも、暴力団だって入るのは誰でもできるんだよ。

辞めると言ってヤキを喰《く》らうほうが勇気がいり、そして人間として強い。

そういう俺だって、かつては弱かった。

目を逸らし、謝ったり断ったりするほうがカッコいいんだってわかるまで、ずいぶんと遠回りした。首までどっぷり浸かっていたから、気づくのに時間がかかってしまったんだ。

カミソン君なんか、万引きを断っただけでこんな目に遭ったんだろ？

オイコラ、加害者のゴミ。

俺が十八、十九歳の頃はすでに喧嘩《けんか》のし過ぎで拳は数度の骨折からチタンだらけだからよ。

当たると痛いぞ、坊や。


それにしても、今回のように悪辣な犯罪によって、天使のような少年が無残にも御霊となると、もう俺たち大人は本当に全員が力を合わせてイジメの問題に取りかからなければいけないのだと改めて気づかされた気がする。こんな過ち、絶対に二度と繰り返してはならない。

では、具体的に何ができるのか？

簡単だ。いかなる些細《ささい》なことからも、大人たちが目を逸らさずにいる。大ごとにしていけば警察も政府も動く。

「子供たちの判断で」などとアドバイスすると、結局、少年・少女は自分たちで解決しようとしてしまう。そうではなく、もっと大人たちが敏感に子供の変化に気づいてあげるべきだ。

さらには要らないネットやスマートフォンなどは買い与えない。子供の顔色なんか見ずに、よからぬ予感がしたら検閲もする。

さらに子供と友人とその親と学校とを巻き込んで話をデカくしていく。そして警察に被害届を受理させれば逮捕状を請求できる。

もう見てみぬふりは終わりにしよう。

逃げる勇気、断る勇気。

そして報復を恐れたことすらも、生きていれば、時間とともに過去の話にできるのだから。

まさに俺自身がそうだったように——。


自殺だ、他殺だ、レイプだと、少年少女の事件は後を絶たない。

しかし、ウィルスのようにして浸透してしまったインターネットやSNSをきちんと監視し管理すれば、犯罪が減少するのは明白だ。

心からそうなることを願うとともに、改めて亡くなった上村《うえむら》遼太《りょうた》君と御遺族の方々に心から御冥福を祈らせていただきます。

警告　五
ゴミ屋敷より汚ない物に告ぐ

――バガボンド――

井上雄彦《いのうえたけひこ》先生原作のコミックのタイトルにもなったフレーズだ。

コミックに出てくるバガボンドとは、主人公のモデルである伝説上の武士・宮本武蔵《みやもとむさし》のこと。作品の中で武蔵をそう例えているのだ。バガボンドという言葉の本来の意味は、放浪者・放浪人を指す。

二刀流で武家社会に強烈な強さからその名を馳《は》せた武士の宮本武蔵。

本人は自身の文献の中で「生涯で一度も風呂に浸からなかった」と言っているが、真偽のほどは謎だ。あまりにも異臭を放って戦うものだから、誰も近寄れなかったなどの話も聞く。

現代版のバガボンドは、ホームレス。つまり浮浪者だ。

日本には「臭いものには蓋《ふた》をする」などという言い回しがあるが、現実にはどうだろうか。

地方都市の細かい実態は知らないが、少なくとも俺の育った街・新宿ではホームレスの数が半端じゃない。自販機の小銭を荒らすようなホームレスが、それこそ山のようにいる。

しかも、だ。「あの人たちだって、食べないと死ぬから……」などとよく世間は言うが、そのホームレスたちは何年も新宿駅にいたりする。

家も金もなく、シケモクを拾って吸うような生活を続けているはずなのに、ホームレスたちは意外に体型もガッチリしていて、余裕で毎年生き延びている。人間は簡単に死なないものなのだ。

「こいつら、芝居打ってんのか？」

そう思いたくなるほど、たくましく生きている。近寄りがたい異臭を放ち、ズタボロの服装のままで街を徘徊《はいかい》している。

前から疑問に思っているのだが、なぜホームレスは駅や他人の所有地に侵入し、当たり前の顔をして段ボールハウスで住んでいるのに、警官から逮捕はおろか注意すらされないんだ？　駅や道路は公的な場所じゃないのか？

俺が同じことをしたら、建造物侵入及び都迷惑防止条例違反と威力業務妨害で確実に逮捕されるぞ？　さらに自販機の小銭を荒らしたら、窃盗・遺失物横領で再逮捕の連続だぞ？

あそこまで居直っていると、何をしても許されるのか？　そんな道理が通ってしまったら、犯罪者はみんな風呂に入らずホームレスを装おって何でもできてしまうぞ？

ホムンクルス（潜入刑事組対一課）の知人の刑事に昔聞いた話だが、ホシをパクるために六本木で無精髭《ひげ》を伸ばし、ホームレスに扮《ふん》して麻薬の受け渡しを内偵したそうだ。

臭いものは蓋をされるどころか、みんなが触りたくない、近寄りがたいということで何でも許されているような部分もあるのではないか。

ついでに言えば近年、流行りのゴミ屋敷だかも、天下の公道に自分の所有物を我が物顔で溢《あふ》れさせている。これだって結局は、自治体や市町村・区の役所連中も臭くて関わりたくないわけだろ？　居直った者勝ちじゃないか。

そして、そんなホームレスを金にしようと蠢《うごめ》くブローカーたちの存在が今話題になっている。臓器売買や、ホームレスの身なりを綺麗《きれい》にさせて、犯罪に使う奴らだ。貧困ビジネスというやつである。

使えるものはとことんまで使ってから捨てるという隙間中の隙間ビジネスだが、そもそも昔からホームレスやゴミ屋敷の連中はヤクザに食い物にされていたという経緯がある。

ここでは、現代のバガボンドたちの背景や行く末を俺なりの視点で書きたい。

昔からヤクザとコジキと芸能人は三日やったら辞められないというが、俺はこの三つすべてを経験してきた。そして楽勝で辞めている。

ヤクザだけは十年間もやってしまったが、芸能は事務所の社長とマネージャーを張り倒して辞めた。

ちなみに俺が顔に施したタトゥーは、「日本の民放になんか死んでも出ない」と覚悟した、俺なりのアンチ日本タレント宣言。


それからヤクザを辞めてから精神病院に入っているが、入院前は一文なしで、渋谷と新宿・原宿駅付近で数日間ホームレスをしていたことがある。

さらにいうと、タイで逮捕されたときもホームレス経験を味わった。

もちろん最初は抵抗があったのだが、慣れてくるとかなり強気になれる。

よく「飢え死にしそう」なんて聞くが、この経済大国日本で道端で餓死した奴なんか見たことがない。様々な制度があるわが国では、ホームレスに炊き出しを提供するボランティア団体やカトリック教会が存在するからだ。

他にも生活保護や手当てなど、生きるための最低限の保証が様々なところで設けられている。行政や自治体に役所がかけ合えば、それなりの対処をしてくれる。

また警察の留置所などは、上手く使えばシェルターとして使えたり、交番や役所でも少額だが一時的に金銭を貸し出したりもしてくれる。もちろんハローワークだってある。

実は、ホームレスには元エリートが多い。商社マンに、一流企業の元社長、タレントまで、様々な〝元金持ち〟が存在する。自己破産から家族と離れたり、リストラのショックからすべてが馬鹿らしくなってホームレスになる者など、その経緯は様々だ。

共通点は戸籍から抜けていること。そこに目をつけるのは、まず暴力団や総会屋ということになる。

昔、ある総会屋の会長はホームレス数百人を銭湯に行かせ、散髪をさせ、スーツを着させた。そしてバスを三台借りて乗車させ、とある暴力団の義理場に若い衆として並ばせ、その功績を買われて巨額な金を手にするまでに出世したという。

奴らホームレスは戸籍こそないが、身体は健康で、自由な時間がある。他は普通の人間と変わりなく、頭もそこそこいいときている。

ヤクザからしたら、使わない手はない。

下手したら、ホームレスはそこらのチンピラより賢いだけあって、ヤクザに使われたふりをしながら内心では鼻で笑っているかもしれない。

本稿を執筆中、暴力団が池袋でホームレスに臓器売買を持ちかけて逮捕されるニュースが入ってきた。

典型的な貧困ビジネスだが、こんなのは昔からよくある話で、戸籍がないから養子縁組して、生命保険や肝臓ドナーやアイバンクに行かせ、需要に応えて肝臓を売るという手口だ。戸籍がなくても、血液検査で血液型はわかるのだから、他にもいろんな使い方がある。

だが、当のホームレスは呑気《のんき》に公園で寝ているだけ。それまでヤクザに旨いものでも食べさせてもらっておきながら、ヤクザが嫌になったら自分は公園で鼻くそでもほじりながらヤクザを警察に密告する。するとホームレスには同情が集まる。いざとなったらヤクザすらも手玉に取る、意外にしたたかな連中なのだ。

そもそもゴミ屋敷？　あんなの、もはや殿様じゃねぇか。

人の所有地に居座り、一国一城の主を気取ってニュースで宣伝までされて、タレント気取りかよ。

ただ、一番の悪は「臭い」「面倒だ」「異臭が……」などと目を反らす自治体や警察。そっちのほうが完全に悪質だと俺は思う。

別に俺はホームレスを擁護しているわけでも、ホームレスでビジネスする悪どい奴らを擁護しているわけでもない。そこは誤解しないでいただきたい。ただ、ホームレスやゴミ屋敷には警察は近寄らない。このことが問題を大きくしているだけなのだ。

実はホームレスについては、ちょっとだけノスタルジックな思い出がある。

小学生の頃、「トラックオジサン」というあだ名のついたオジサンがいた。俺たちみたいな悪ガキが訪ねると、百円をくれる優しいオジサンだった。

なぜトラックかというと、いつも潰れた運送屋の車庫にいたから。トラックオジサンは「トラオジ」とも呼ばれ、俺たちガキに愛されていた。

ところが、近所のＰＴＡのバカどもにトラオジは通報された。

「あのオジサンは危ない」「絶対に変質者よ」「スクラップばかり集めて、おかしい」というわけだ。可哀想なトラオジ……。

自治体と区役所に撤去を強いられて、最後の夜。俺は友達と一緒にトラオジの元に駆けつけた。

トラオジは哀しい表情をしていたが、気丈に振る舞いながら、一斗缶や鉄屑《てつくず》、壊れたカラーテレビなどを片づけていた。俺たちも、それを手伝った。

会話もなく、汗だくになりながら作業を終えた。するとトラオジはパイナップルの開いた缶を真ん中に置いて、小学生の俺たちに「パイン缶で酒を造れるんだ」と楽しそうに教えてくれた。パイン缶で作る酒といっても、発酵させて酒の香りがするだけなのだが、トラオジが言うには最高に美味しいらしい。そして、それを灰皿にして最後の夜を過ごした。

トラオジは楽しそうに言っていた。

「遠くの街でリサイクルショップをやるのさ。いつか、お前らがいつか遊びに来れるようによ！」

誰かがトラオジに聞いた。

「お店やるお金は？」

トラオジはへへへと微笑み、奥からピーナッツの缶を持ち出してきて、嬉《うれ》しそうに蓋を開けてくれた。中には百円玉がたくさん入っていた。

「いよいよお別れだな」

そう言われて、俺たちは寂しくなったのを覚えている。

実は昔トラオジのスクラップ置場の缶を盗み、百円を分け合ったのは俺たちの仕業だった。そのことを告白できないまま、トラオジとはお別れした。

トラオジが今どこで何をしているかは知るよしもない。

だが、翌朝になってから追い出したＰＴＡと役所のババァどもに、「あなたたち、大丈夫だった？　本当にホームレスや変質者には気をつけるのよ！」と訳知り顔で言われたとき、頭にきた俺たちはババァの髪を摑《つか》んで引きずって大問題になった。

トラオジの昔話が長くなった。ただ、このとき偉そうにしていた役所の連中が、今では個人情報を流出させて問題になったり、つまらない痴漢で捕まったりしているかと思うとなんだか無性に腹が立ってくる。

つまりゴミ屋敷だって突然変異で急に生まれたものでもなく、トラオジの延長というかレベルアップしたような奴らだろ？

役所や自治体は言い争うことや角が立つこと、汚ないから汚れたくないなどをいうことを理由に放置してきたわけだ。しっかりと撤去を行っていたら、つまり「臭いものに蓋をする」を行っていれば、こんなことになっていななかったはずである。

警察がホームレスを無視する場面なんか何十、何百回と見ている。

臭い・汚ないなら何でも許されるホームレスやゴミ屋敷の連中よりも、そいつらで金儲《もう》けする連中よりも、はるかに役所や自治体や警察のほうがタチが悪くないか？　そういった事態を、ずっと放置してきたのだから。

いつかそいつらがリストラや辞職に追いやられて街で物乞いしているところを見つけたら、俺は百円玉を投げつけてやろうと思う。

警告　六

オリンピックに告ぐ

スポーツの祭典・東京五輪が五年後に開催される。

東京が候補地に挙がると国民は固唾を飲んで様子を見守り、最終的にはイスタンブールとバルセロナをブチ抜いて、わが国の東京が開催地となった。

吉田沙保里《よしださおり》のレスリング実施競技生き残りに、滝川クリステルの〝お・も・て・な・し〟プレゼン――。すぐさま国民は熱狂し、東京での開催に歓喜した。

一方、警察はすさまじい人数を街に配備。これまで放置していた指定暴力団のトップを逮捕するなど、ひたすらわが国が安全な国家だとアピールし始めている。

そんな中、先日は女子サッカーのW杯で、「なでしこJAPAN」が大活躍。イングランドを下して決勝まで進み、アメリカと対決した。

前半スタートと同時に、突然のハットトリック。さらには一点の計四点を入れられた「なでしこJAPAN」。粘りながら二点のスコアを返しただけでも大したものだが、結果的には見事な敗北を喫した。

テレビ画面に映ったのはＵＳＡの文字と怒号、それに星条旗。その様子は、まるで日米の戦争のようだった。

スポーツを観る際、俺はこういう場面にどうしても違和感を覚えてしまう。

先の女子サッカーは、ニュースや特番でも「打倒アメリカ！」「勝利はなでしこ！」などのテロップが踊っていた。

——打倒？　——勝利は？

これはもうあからさまに疑似戦争のノリだ。アスリートに国家を背負わせているが、そんなことをさせる権利など、テレビ局はもちろん、誰にだってない。

「打倒」という言葉から連想されるのは、戦時中に神風特攻隊として「平和と祖国に栄えあれ」と命を落としていった戦士たち。そして東條英樹《とうじょうひでき》らＡ級戦犯たちも眠る靖国《やすくに》神社の御霊。果たして本当に俺たちの先輩たちは、「打倒」だの「勝利」だのをスポーツ選手に託しているのだろうか？

ましてや五輪ともなれば、すべての国の選手が国旗を背負い、政治家たちの目の前で争っている。俺の目にはスポーツの形式こそ取っているものの、銃器や戦車を選手や競技に置き換えた国対国の〝戦争〟を繰り返しているようにしか映らない。

何が「平和の祭典」だ。だったら、戦争を匂わせるような表現は一切慎んでくれとマスコミにも言いたい。

ところで俺が覚えている最初のオリンピックは、1988年のソウル大会だ。

俺の両親は俺が小学生の頃にはすでに離婚しているが、父親は暴走族の代名詞とも言われるブラックエンペラーの総長・瓜田吉寿《よしはる》である。

書籍『俺たちには土曜しかない』の著者であり、映画『ゴッドスピードユー！ BLACK EMPEROR』にも出演。七十年代の不良少年たちには、絶大的なカリスマとしてその名を知られていた。

だが子供だった俺は、そんな父親に対する反骨心があった。俺のアウトローとしての原点は、この父親の存在であったことは間違いない。

さて、そんな父親の母——つまり俺にとってのおばあちゃんは、同じ新宿のマンションで、うちの隣に住んでいた。

おばあちゃんと俺のお袋の間には、どうも嫁・姑《しゅうとめ》の確執があったようだ。だが子供には大人の事情など関係なく、俺はおばあちゃんに懐《なつ》いていた。懐くというより、甘えていたというほうが正解か。

なんといっても、お小遣いをくれる。それに外食なんかめったにない家庭環境の中、ファミレスに連れていってくれることもあった。

おばあちゃんは、自分は韓国の人間だとよく語っていた。本当に在日かどうかはわからないのだが、ソウル五輪のときは父親と一緒に韓国に行くことになった。そして、お土産にソウル五輪記念メダルを持ってきてくれた。

とはいっても円だのウォンだのが理解できない小学生の俺は、その価値なんてわかるはずがない。コインメダルに「5000」だの「10000」だの刻まれた数字を見てカネになると判断すると、すぐに盗んで新宿三丁目のコイン・切手・チケットの買い取り屋に持ち込んだ。ところが、これが二千円にしかならなかった。

「なんで?」と首を傾げながら呑気《のんき》に帰宅したら、おばあちゃんに、「純士君、メダル知らない?」と聞かれた。

知らないととぼけたが、おばあちゃんはわかっていたと思う。おそらく目をつぶりながら言ったのは、「せっかくのソウル五輪のね……」という言葉。すごく悲しい表情を浮かべていたのを記憶している。

それからおばあちゃんは、昔は日本人は朝鮮人にひどいことをしただのなんだのと語り出した。そこで俺は眠たくなって、

「お婆ちゃんから盗んで売ったよ！　その話、つまんない！」

と言いながら、部屋を飛び出した。その後、おばあちゃんとは少し険悪になった気がする。俺の中で、非常にほろ苦い思い出だ。

それにしても子供だった頃は、まさか自分が大人になるときに冬ソナだの韓流ブームだのが日本を席巻するなんて想像していなかった。

韓国には徴兵制度があるため、歌手も俳優も兵役に行く。それもあって、強烈なナショナリズムが国民に浸透している。ところが、どういうわけか五輪に関しては金メダルを獲る機会が少ない気がする。

韓国の国技であるテコンドーですら日本人が表彰台に立つのを見たときは、またあのときの「なんで？」という気持ちが芽生えてきた。


俺としては、太平洋戦争で日本が敗れた敵国のアメ公どもを日本人アスリートが打ち負かすシーンを見ると、痛快この上ない。それが本音である。

小さな身体の日本人がレスリングや柔道でアメ公を軒並み倒してくれると、さらにアメ公の悔しそうなツラを見ると、「ざまぁ見ろ、この野郎！」と酒が美味くなる。おそらくこれは、日本人としてのナショナリズムから来るものだろう。

だが冷静に考えてみると、ちょっとそれは外で大きな声では言えない発言だということにも気づく。スポーツは戦争の代替品ではないからだ。

もちろん日本国民でいる以上は日本人がメダルを取ると嬉《うれ》しいし、誇りに思う。欲をいえば、全競技で金メダルを取ってもらいたいくらいだ。

こういうことを書いていると、「どうせ瓜田はスポーツなんか興味ないだろ？」というツッコミの声が聞こえてきそうだが、何を隠そう、実は俺はこう見えてもオリンピック大好き人間。それはまだ俺がヤクザをしていて刑務所に務めていた頃、アテネ五輪にまでさかのぼる。十年程前の話だ。

夜間独居にいた俺にとって、楽しみなど夕方五時以降のラジオと二時間のテレビくらいしかない。工場での作業時間が終わると、三畳一間の独居に戻り、就寝までの二時間を自由チャンネルに費やすことになる（このへんは刑務所によって異なるのだが、午後七時から九時までの間、受刑者はテレビを視聴できる。ちなみに刑務所内でのテレビ視聴は、自由に番組が選べる「自由チャンネル」と刑務所が決めた番組を見る「固定チャンネル」とに別れる。テレビは14インチの国産が多い）。

アテネ五輪が始まると、もう画面に釘《くぎ》づけだった。

シャバにいたときは興味もなかったスポーツの、種目別の競技を目を皿にして観ながら、とにかく日の丸の旗や選手たちを小さなテレビで追い続けた。

中でもインパクトが大きかったのは、柔道着姿のハンサムな日本人。青い柔道着の下は筋骨隆々の肉体。先日、惜しまれつつも引退を発表した野村忠宏《のむらただひろ》である。

テレビ画面には過去のダイジェスト映像が流されていた。軽量級の野村がスタンバイすると、ナレーターの声もデカくなり、会場に野村コールが鳴り響く。

開始直後に目を奪うようなスピードの投げを決め、外国人選手が倒される。歓声鳴り響く会場の中央で、野村は四隅に礼をしながら帯を絞めている。

めちゃくちゃ痺《しび》れた。クソカッコいいじゃねぇか――。

すぐに野村のコンパクトにまとまったhistoryが、軽快な音楽とともに映し出された。躍り出た文字は「前人未到」「奇跡的三連覇なるか」。

小さくハンサムな野村は、外国人選手をバッタバッタと倒していく。スピードはチーターのそれで、向かい合う外国人選手は試合前から表情が強張っている。野村が強すぎるのか、相手の動揺がダイジェスト映像からも見て取れる。

ちぎっては投げ、ちぎっては投げ――。倒しては、お辞儀――。倒しては、日の丸の旗――。

猛烈な背負い投げのラッシュが映し出されたときには、鳥肌が立つどころか、完全なファンになった。

ところが途中でCMを挟んでから、また青い柔道着の野村が中央に出てきたあたりで刑務所のテレビはプツリと切れる。「畜生！」と思いながら、渋々布団に入ることにした。

翌朝の工場の昼休み、当然のように受刑者たちは野村の話を始めた。食堂は一気に盛り上がる。看守たちすら、笑顔で話に参加してくるほどだった。

看守の中には、「昔、野村に柔道を教えたことがある」とバカみたいに自慢してくる奴もいた。俺は、心の中で思っていた。

「フカしてるんじゃねぇよ。お前じゃねぇだろ？　田舎者のたかだか看守が。昨日だって、どうせ俺が寝た頃には看守仲間と飲み屋でアテネ五輪でも観て、生ビールでも飲んでたんだろ、ハゲちゃびんが。俺がシャバに出たら、女の二、三人あてがってやろうか？　てめぇみたいなモテないガチムチが見たら、勃起が治まらないぞ？　しゃべるなよ、看守ごときが。息が臭いんだよ、体育会系は」

夕方六時に独居房に戻る。十五分の閲覧新聞を渡されて、野村の名前とテレビ欄を急いで探した。テレビ欄の真下にあるデカい広告スペースに「決勝は十四日！」と書かれていた。

その日を迎えると俺は刑務所作業から独居房に戻り、午後七時になるのを待ってワクワクしていた。こっちまで緊張してきやがる。

いよいよテレビの時間になり、アテネ五輪が始まった。しばらく様々な競技に目を奪われていると、待ちに待った野村がスタンバイしているのが映る。気づいたら、俺は思わず拍手していた。

端正な顔立ちと筋肉の塊。後ろには日の丸。いよいよ決勝だ。

威風堂々と野村が入場してくる。もはやこっちの緊張が収まらない。そして、ついに試合が始まった。

開始直後、野村が相手選手を抑え込んで投げようとしていた。――強すぎる。だが、相手も強い。

激しい攻防が繰り返されたあと、柔道のルールは詳しくわからないために何が起こったのかよくわからなかったが、野村が両手を掲げている。

「やりました！　野村、強い！　野村が勝ちました！　またもや野村が勝ちました！　金メダルはやはり野村が！　強すぎる、この男！」

ナレーターの声で理解した。野村が試合を決めたらしい。

君が代が流れ、野村の首に金メダルがかかり、オリンピック三連覇のテロップが流れると、あまりのカッコよさに思わずうっとり見とれ、隣でうるさく喚く独居房のバカに殺意が芽生えた。

——それにしても本当に痺れた。

そして、このとき以来、俺はオリンピックを無性に楽しみにする人間になった。

五輪が与えてくれる勇気。それはスポーツと無縁な自分などが逆立ちしても絶対に真似できない種類の感動だ。オリンピック選手たちの頑張りに感銘を受け、単純な俺はオリンピックの虜《とりこ》となった。


オリンピックでは、地球上の国々が国家予算レベルの金を注ぎ込む。

スポンサーひとつとってみても、会場のあちらこちらに大企業のロゴがこれ見よがしに展開されている。巨額の金が動くイベントなのは間違いない。

その中で一番理解し難いのが、新国立競技場の2520億円だかのあのデザイン。それにイラク人デザイナーのザハ・ハディドとかい胡散臭《うさんくさ》いババァだ。なんであんな死ぬほど怪しいババァのわけがわからないデザインにそんな費用がかかるんだ？

そもそもあのババァ、過去に何度も費用が高過ぎて不採用になっているらしいじゃねぇか。

わざとか？　もはやコントとしか思えない。

仮にの話だが、たとえば自分がマンションや車を購入するときに「デザインは自分で好きに決めてください」と言われたとしよう。

もちろん普通は困惑するだろう。自分がデザイン学校でも出ていない限り、専門家に頼むしかない。そうなるとデザイナーに頼む費用が別途かかることになるが、これが自腹だったら慎重にデザイナーを選ぶはず。

そう考えると、あんな妖怪みたいな胡散臭いババァに依頼するのは無責任すぎはしないか？

そもそも俺に言わせれば、東京で開催するからといって、なぜ会場の建設費用を日本が出さなくちゃいけないんだという疑問がある。まずは、その説明がほしい。

開催期間中は様々な国から選手がやってきて、それぞれ走ったり跳んだりする。そして、それを叫んで応援するのも様々な国の人たちだ。

ならば、なんでオリンピックの参加国が、開催国にカンパというか支援をしてくれないのか？

普通に考えて、友人・知人でもない奴らにせっかく建てた新居の土をタダで踏ませるのか？　モデルルームじゃないんだぞ？

そこを使ってみんなが競技するのなら、世界中からカンパなり資金の提供がない道理がわからない。

新国立競技場のデザインは無様な責任のなすり合いを経て、結局は白紙に戻されることになった。だが、そもそもあんな妖怪みたいなババァの謎のデザインを選んだ時点で、選考委員もお里が知れている。はっきり言って死ぬほどダサく、センスの欠片もないのだから。

そして世界中がお祭りは楽しみたいが、参加はしても銭は出さない。そのことは改めてよくわかった。

東京五輪に関してはエンブレムのパクリ問題でもケチをつけたものの、まぁどのみち、国民がどうあがいたところで五年後にやることは覆らない。

そんなことよりも懸念すべきは、世界中の大統領だの首相だの著名人だのがそれぞれの国のバッチをつけて羽田空港や成田空港にぞろぞろ来ては、東京のホテルに宿泊するんだろ？　もし俺がテロリストなら、そんな最大級のチャンスはないと身構えて、爆薬でもセットしているに違いない。その対策はしているのか？　ひょっとしたら、すでに日本にしれっと入国しているかもしれないのに――。

巨額の金が動く世界一のスポーツイベント・オリンピック。

アスリートたちは国家のためにメダルを獲るのではなく、自身の努力の対価として獲得してほしい。

メダルを獲るたびにいちいち国歌を斉唱し、選手たちがそっと瞳を閉じている様子は、まるで戦争のようにしか映らない。

打倒してどうするんだ？　勝利してどうするんだ？

世界一を決める？　世界最強？　世界最速？　戦闘機の話でもしてるのか？

そんなことを中東のテロリストが見聞きして、細菌でもヘリから散布されたら責任取ってくれるのか？

たかだか警察官と少ない自衛隊くらいで、日本は細菌やウイルスや爆薬のテロを防げるのか？

平和の祭典というわりに、なぜ必要以上に勝ちや負けにこだわる？

アスリートたちはお国のために戦うわけでなく、自分自身の名誉のために戦う。そして、その主人公たちの栄光を国民は応援する。それこそが本当の意味での平和の祭典だろう。

国家を背負わせ、勝ちや負けにこだわることは、単なる戦争ごっこにしか思えない。どこか薄気味悪さすら感じてしまう。こう考えるのは俺だけじゃないはずだが——。

なにはともあれ五年後も無事にシャバで東京五輪を嫁と楽しみたいと願い、この章を終わりにしたいと思う。

警告 七

振込め詐欺の詐欺に告ぐ

「振り込め詐欺」被害額が５００億円超え過去最悪（15／1／29・テレ朝ｎｅｗｓ）

振り込め詐欺などの特殊詐欺の被害額が去年1年間で５５９億円に上り、過去最悪となりました。

警察庁によりますと、２０１４年に全国の警察が認知した振り込め詐欺など特殊詐欺の被害額は、前の年から約70億円増えて、過去最悪の５５９億４３５４万円でした。65歳以上の高齢者の被害が全体の約8割を占めているということです。また、宅配便などで現金を送らせる手口が急増し、1件あたりの被害額は７３８万円に上っています。一方、銀行などで声を掛けて被害を未然に防いだケースは、1万７３1件で約３００億円でした。警察庁は、犯行グループの中枢の検挙などに取り組むとともに、4月から「匿名通報ダイヤル」で情報を受け付けます。

振込み詐欺の被害額が年々増え続けている。五百億円。重量でいえば五千kg。このモンゴルあたりの国家予算規模にして、東京ドームの建設費に近い金額を目にしても、ほとんどの人はピンとこないだろう。

もちろん俺も同じで、そんな大金は見たことも触ったこともないから書くことに違和感も感じるが、とにかくこの額がとんでもないのは明らかだ。ギリシャの財政破綻や上海市場の急落と並べて経済紙がpick upする莫大《ばくだい》な金額である。

俺は無学ゆえ、どうしてもアウトロー的な観点から見てしまうところがある。当たり前にテレビでご託を並べる評論家たちとは別の角度から、この振込め詐欺問題を考えていきたい。

まず、昔からこういった詐欺の問題を論議するときに出るのは「騙《だま》されるほうも悪い」という意見。たしかにそうかもしれないが、俺が注目したいのはそこではない。

騙されて泣き寝入りする金額が、五百億円も「ある」ということ自体が驚きなのだ。昔から金はあるところにはあると言われるが、本当に豊かな国なんだなと逆に感心さえしてしまう。

そして被害者はほとんどが高齢者であることを考えると胸が苦しいが、詐欺師たちは下手な鉄砲を数打っているのではなく、あらかじめ用意したリストありき、ターゲットありきでやっているということも強調しておきたい。

さらに言えば、警察庁も実態をほとんど把握していることも加えて強調しておく。


詐欺師たちに言いたいが、もし俺なら詐欺師も欺けるだろう。

理由はシンプルだ。俺には大金なんかない。

詐欺師は金がある世帯をリストから調査して、あらゆる手段で金儲《もう》けを考えている。はっきり言って、非常にやり方が幼稚臭い。

保険金詐欺の容疑者の夫婦や、生命保険詐欺師の死刑囚なんか、人を殺《あや》めてまで詐欺を働いても、入る金はたかだか数千万。それを考えると、たいして苦労もしない振込み詐欺が後を絶たない理由は誰でもわかるはずだ。

だが俺の勘では、振り込め詐欺の犯行グループのほとんどが成人初犯の服役未経験者だと思う。

知り合いの刑事に言われて、昔感心した台詞がある。

「詐欺師は、自分らは捕まらないと思っている」

さすがだなと思った。たしかに詐欺は立件が非常に難しく、内偵にも時間を要する。

ただ、盲点は振込み詐欺は一人ではできないということだ。騙す電話役に、受け子に出し子に事務所、携帯端末機を用意する者に架空の口座と開設する者とＰＣ環境――そう考えていくと、かなりの人員を用意する必要がある。

自分らは捕まらないと思っている――この言葉は非常に重い。裏を返せば、詐欺師は仲間が捕まったときも絶対にチンコロされないと思っている。パクられても〝うたわない〟ことは詐欺犯罪の鉄則だからだ。

俺からすると、そもそもが甘い儲け話に乗りそうな奴らに目をつけた社債発行詐欺や投資詐欺や未公開株詐欺は、自業自得としか言えない部分も正直言ってある。

「私は数百億円の社債を発行できる。投資家を探している」

などと言われたところで、銀行の開いていない時間に会って、

「悪いけど、乗る乗らない以前にお前の口座の額を今見せてくれよ。金持ちなんだろ？」

と、これだけで逆に脅かせる。裏が取れないのをいいことに近づいて来るような奴らは、ハナから信じられるわけがない。

だが、振込み詐欺はもっと巧妙だ。

その対策を俺なりの観点で読者の方に教える前に、振込み詐欺のルーツから記しておきたい。

実は俺の昔の同級生のSという知人が、過去に振込み詐欺の被害額の分け前を巡って殺人まで犯し、今は死刑囚となっている。

そいつらがどうやって振込み詐欺——当時でいうオレオレ詐欺に出会ったか。

昔、カジックという闇金グループが騒がれたことをご存じだろうか？　五菱会《ごりょうかい》事件とも呼ばれるものだ。

当時は指定暴力団・山口組系の旧五菱会のフロントたちが高利貸のいわゆる闇金でボロ儲けし、夜の街やキャバクラは金融屋バブルの様相を呈していた。

あの頃、俺も闇金の連中はしょっちゅういじめていた記憶がある。が、大元のカジックこと梶山進《かじやますすむ》氏の逮捕と被害者救済に立ち上がった宇都宮健児《うつのみやけんじ》弁護士の尽力により、カジック御殿とヤミ金バブルは崩れ去り、すべて崩壊したというのが警察庁の見立てだった。

だが、しかしヤミ金の事務所にやることがなくなって、キャバクラにも飲みにいけず、高級車にも乗れなくなった奴らの手元に一部ずつ数千人規模の個人リストが残ったのだ。奴らが、これを使わない手はない。

そして最初は出会い系サイトの登録料が未払いだといった脅しの電話をしていたのだが、徐々に息子を装う手法に変えていったのが振込み詐欺の始まりだ。

実は昔、俺もアダルト広告システムと出会い系のサイトを数百使う一大詐欺集団の首領的な人間と出会ったことがある。そのグループ・Aは海外に巨大サーバーを置きながら、事業を展開していた。

男は渋谷駅から宮益坂を青山通り方面に登っていったあたりに、複数のビルとテナントを所有していた。アルバイトをネットで集め、ブラインドで見えない作りのオフィスを何十と構え、ひたすら出会い系サイトの〝なりすまし〟サクラメール打ちをやらせていた。

一方、当時の俺はムショ帰り。安い物書きと実話系の漫画のコラム連載だけでは生計が立てられなくて、生活に困り果てていたところだった。

そこで友人のclubでセキュリティやドリンクを作るバイトをしていたのだが、そのとき流行していたSNSのmixiというポータルサイトで俺の公式コミュニティを作っている管理人がいることを聞き、すぐに俺もmixiを始めてみた。

すると《瓜田純士公式コミュニティ　アウトロー　伝説のアウトロー瓜田純士を語れ》などと書いてあり、なにやら数百人がああだこうだと書き込んでいるのを発見したのだった。

管理人宛てにメッセージを送るフォームを見つけ、すぐにメッセージを送った。

《初めまして。瓜田純士です。まだ死にたくないなら連絡して下さい。早急に願います。来

なければ貴方は東京湾に浮かんでしまうので》

数分で管理人の男から連絡がきた。

そこで強烈に脅かしてから、新宿に呼び出し、その男の出生から何から何までを調べ上げ、mixiのコミュニティを公認してやった。さらに「代わりに、いい仕事ないか?」と尋ねると、「僕のしているバイトならすぐに……」と言うので、履歴書もその男に作らせて早速バイトを始めることにした。

それが前述したサクラのメール打ちだったのだ。オフィスの中にいる男女が、淡々とPCに向かってタイピングをしている。かなり異様な光景だ。

その管理人は、ひとつのオフィスの幹部だった。俺はその男の隣に座りながら根掘り葉掘りやり方を聞き、バイトの内容も教えてもらった。

仕事は簡単で、女のふりをしながら何時何分どこどこで待ち合わせして《ホテルに行きませんか?》などとタイピングをする。

俺は男がタイピングする様子を見ながら聞いた。

「このサイトをやっている奴らは左団扇《うちわ》で丸儲けじゃねぇか。運営者に会わせろよ」

「すいません、純士さん。実は自分も一番上の人間が誰かも知らず、会ったこともないんです」

——バカらしいな。なんとかして会えねぇかな——

そう考えていたら、数日後に会うことができた。

しばらくすると、その上の人間の耳にも「最近、瓜田純士とかいう強面《こわもて》が紹介でバイトに来ているらしい」という情報は入っていたらしい。

そんな中、たまたま東京の同和のトップが、そのAという出会い系の運営者に数千万の恐喝しにきていたという。もちろんここでいう同和とは、部落問題に代表されるようなまっとうな人権団体のことではない。

恐れた上の男は「瓜田君、はじめまして。同和に脅かされています。手を貸してほしくて……」と泣きついてきた。

棚からぼた餅だ。社長室に入ると、普通の優男……というよりは売れないバンドマンみたいな若者が数人で会議をしていた。そいつらは生意気にも、事務所までポルシェやベンツの新車で集まっていた。

「話を聞きにきました」

そう言って社長室に入ると、トップの優男は同和会と書かれた和紙の名刺を見せながら、「助けてほしい。報酬は考えるから」とビビりながら懇願してきた。とりあえず俺は「渋谷警察に行けば？」と言ったのだが、「表立って言えないビジネスだから」とモゴモゴしている。

そこで改めて名刺をちゃんと見たら、「会長○○孝男」と書いてあった。見覚えのある名前だ。

「ひとまず名刺をコピーさせてくれ」とだけ伝えて、バイトを紹介してくれた管理人と近くのコンビニに出かけた。

「もしかして？」と思いながら知人に電話をした。

「久しぶり！　どうしてたの？」

呑気《のんき》な声が聞こえてくる
「○○。もしかしてお前の父ちゃんって、下の名前、孝男？」

「そうだけど、なんで？」

「まだ同和にいる？」

「うん。なんだか東京のなんたらとか言ってたよ」

——ラッキー、ビンゴ——

だったら、ここからは話が早い。すぐに○○に事情を説明して、親父さんを制止してもらい、さらに一芝居打ってもらうことになった。

Aの社長室に戻ると、すぐにその運営者に「なんとか止めることができるかもしれない。次に○○孝男という人間が来る日はわかりますか?」と尋ねる。

「期限は明後日と言われた」

その口調から、相当ビビっていることは明らかだ。

「わかりました。明後日、一度渋谷駅近くの喫茶室で俺とcoffee飲んで考えましょう」

それだけ伝えて、携帯番号を交換した。


そして二日後。渋谷駅に○○孝男の息子を向かえにいくと、笑い話をしながら運営者の携帯に電話をかけて喫茶室に呼んだ。

三人で来たので、俺は突然その首領的な男の胸ぐらを摑《つか》んで言った。

「よう、バンドマン。何をてめぇらみたいなヒヨコが俺に物頼むのに、上からなんだよ、この野郎。てめぇらみたいな若造がビビって眠れない二日間で、こっちは同和の○○孝男の息子を突き止めて連れてきたから話を聞けよ、バンドマン」

ここで芝居通りに○○は「まぁ今回は純士さんの顔に免じて、たかだか数千万の話は白紙にしてやる。親父もお前らなんか本気で相手にしてない」と言う。

これで、トップの男は「本当にありがとうございます！　もう調子に乗りません！　本当にありがとうございます」と頭を下げ続けていた。

――ラッキーボトル5リッター入りました――

演技のあと、〇〇は一旦喫茶店から出させて、次は交渉に入った。

「よかったね、あんたら。で、謝礼の件は？」

トップの男は「瓜田君、これを受け取ってほしい」と二百万円を封筒で渡してきたので投げ返した。

「もうあんたの変なオフィスで、俺にバイトでサクラのメール打ちされても気まずいだろ？　だったらこっちから辞めてやるよ。その代わり、その現金は要らないから、一年間、週に三日間バイトをした計算のカネを俺に振り込めよ。謝礼金じゃなくて給料として」

これで一年間、毎月律儀に十五万を振り込んでくるようになった。その場でもらう二百万より、一年間正確に入る百八十万のほうが安定していたからだ。


……とまぁ、詐欺師を欺くのは大したことじゃない。

こういうこともあった。高級ブランドショップのコピー商品を売るサイトがあるのだが、知人が入金したのに商品が届かないという。

そのサイトを見つけて、高級時計のジェイコブシリーズを注文した後に、ＨＰの管理者メール宛にメールを送信する。
《注文したらコピーではなく本物が来てしまい驚きました！　宝くじが当たった気分です。優良なサイトに出逢《あ》えて感謝でいっぱいです》
管理者の中国人は慌てて返信してきた。
《当サイトをご利用頂き、誠にありがとうございます。ところで、おそらく商品を間違えて郵送してしまったようです。返金いたしますので、商品を着払いで郵送していただくことをよろしくお願い致します》
口座を見ると、翌朝に三万円が入金されていたから、
《手違いでした。ジェイコブシリーズなんか頼んでません。しかし、三万円はありがたいです。優良なサイトに出逢えて感謝します》
とだけ返して、あとはシカトした。騙された知人は大笑いしながら喜んでくれ、三万円は居酒屋でアルコールに消えた。
数年前にはアダルトサイトのいわゆるワンクリック詐欺が、買ったばかりのスマートフォンに届いたこともある。当然、身に覚えはない。

《登録が完了致しました。早急に指定の口座に九万円をお支払い下さい》

などといった謎のメールが毎日来て邪魔臭いので、そのメールに返信してやった。

《そんなに安くていいんですか？　すばらしい。これからも宜しく御願い致します！　ただ、キャッシュで払いたいので、歌舞伎町の風林会館に喫茶店があります。運転手と黒塗りのセンチュリーが目印です。現金持ってお待ちしてます。暑い中、長袖のシャツですけど気にしないで下さいね。流行りのタトゥーですから(^^)》

丁寧に顔文字までつけたことが功を奏したのか、一撃でその手のメールは来なくなった。

まぁ、なんにせよだ。詐欺師と知恵比べをしたところで結局は時間の無駄なのかもしれない。

基本、俺は甘い話に乗っかって痛い目に遭う奴は、それが何詐欺だろうと自業自得だと思っている。しかし、お年寄りが年金で細々と余生を送っているのに、子だの孫だのを装って金を騙し取る奴は殴り殺したくなる。

被害者には、国が全額なんとか返してやるのが筋じゃないか？

「詐欺は仕方がない」が罷《まか》り通るならば、「火災や地震じゃ仕方がない。泣き寝入りするしかない」と同じじゃねぇか。

戦争は故意に起こせる。しかし、震災は故意には起こせない。もちろん犯罪は故意で起きている。

詐欺で搾取した金を返してやらずに、なにが新国立競技場だよ。なんのための政府なんだよ。アメリカの言いなりになりやがって……。

集団的自衛権で、アメ公から武器だけ買わされて、総理官邸は四百億円以上？　大概にしろよ、この野郎。

防犯カメラの増設。ＡＴＭなり現金書留の受け渡し時なり金が動くすべての機会に徹底した指紋認証。唾液のＤＮＡ採取の義務づけ。全世帯の固定電話に録音とナンバーディスプレイを設置。その着信記録を週に一度、警察庁に渡すことを義務づけ……。これだけで、半分以上は減らせられるだろ。

義務づけられることに反対意見も出るかもしれないが、やましいことをしてなけりゃ指紋だなんだなんか許すだろうに。

そういうことに金を使わないから政治家はバカなんだよ。警察は優秀なのに政治家がバカだと無能だと思われるじゃねぇか。

振込み詐欺？　受け子？　出し子？

そこまで徹底して監視をされたら、頼まれてもやらねぇよ。本気でやれよ、義務づけを。

本気で考えろよ、安倍と愉快なチルドレンが。

お前らは国民をうまく騙した気でいるんだろうが、アメリカに毎回騙されているんだよ、言いなりが。

最後に頼れるのは己でしかない。本書が少しでも自己プロテクトの参考になればと願う。

警告 八

危険ドラッグの裏に居る奴等に告ぐ

なぜ人は危険ドラッグを入手でき、なぜ危険と称しながら法で裁かれないのか？　そう疑問を抱く人が多いと思う。

危険ドラッグは主に覚醒剤と鎮痛剤成分を含むドラッグを指すが、法的な定義がないため、麻薬新法に適応されない。乾燥ハーブと化学物質を混ぜた、いわゆる「脱法ハーブ」のほか、粉末・液体状のいわゆる「リキッド」や錠剤も世に出回っている。

成分は覚醒剤（塩酸フェニルメチルアミノプロパン）に似たカチノン系（興奮系）と、大麻（マリファナやハシシ）に似た合成カンナビノイド系（鎮静系）に分類されると言われている。だが違法な薬物と化学構造の一部が微妙に異なっているため、薬事法に定められる指定薬物の対象から外れていた。

つまり、法の隙間を縫って開発・改良された新型のドラッグなのだ。

国内で本格的に出回り始めたのは、２００６～０７年頃だったと思う。当時は「脱法ドラッグ」「脱法ハーブ」などの名称で呼ばれてきた。

だが、違法薬物と類似して造られているために……いや、それどころか違法薬物を上回る催眠・興奮・幻覚作用などを引き起こす成分を含んでいるわけだから、違法薬物以上に危険という指摘もある。

現実に吸引・服用者による交通事故や死亡事件は増える一方。意識障害や嘔吐《おうと》・痙攣《けいれん》などによる緊急搬送の事例が近年では数百人に上り、社会問題となっている。

乱用者による車の危険運転のせいで、死亡事故に巻き込まれた者も後を絶たない。ネットで簡単に入手できるために、なにか事件が起こるまでは警察の目も行き届かないのである。

最近は、今世紀最高に恥と強烈なインパクトを撒《ま》き散らした事件も起こった。都内に住むバカな乱用者（田中勝彦《たなかかつひこ》被告）が隣人女性を斬りつけた事件で、「しぇしぇしぇしぇのしぇ～」と叫ぶ逮捕映像が流れたのだ。

ニュースキャスターもおそらく笑いをこらえながら、しぇしぇしぇしぇのしぇ～と原稿を読み上げたに違いない。

しぇしぇしぇのしぇ～。

頼むから死んでほしい。吹き出すほどの戦慄のインパクトに俺は目を疑った。むしろ飲んでいたcoffeeを吹き出したほどだ。

しぇしぇしぇのしぇ～。

あんな恥ずかしい人間を産んで育て上げた親のことを思うと、不憫《ふびん》でならない。穴があったら入りたいだろう。

では誰が得をし、誰がそれを造り出し、背景に誰がいると考えられるか。

ここでは、危険ドラッグを俺の視点と勘で書いていこうと思う。


そもそも、なぜ日本人はこんなにも薬が好きなのか？

合法であっても、薬剤師や医師の処方薬などがないとダメだと薬局に通い詰めている人がほとんどだ。

俺も昔は微熱があればすぐにロキソニンだなんだと酒で流し込んではまったく治らないなどと勝手に怒っていたが、現在では東洋医学しか信じず、もっぱら漢方に頼るようにしている。

たまに不眠のときやイラつくときは、ベンゾジア系睡眠薬のサイレースという錠剤を飲む。依存性の強い睡眠薬は身体に合わないため、ベンゾジア系睡眠薬ならまだしも、睡眠導入剤の類いは絶対に飲まないようにしている。

メンタルが弱い、特に女性に多いと言われる心の病。診療内科や精神科で、あるわけがない病名で出されるデパスやエリミンなどの強度な薬は、その依存性の強さから出さない医者も多い。むしろ薦めてくる医者は金儲《もう》けしか考えていないといえる。

はっきり言う。向精神薬とそれに匹敵する類いの処方薬は、一度服用したらもはや餌がそこに行けばあると思い必ず現れる野良猫と大差がない。おそらく医者は心の中で「また、いいカモが来たな」くらいにしか思ってないだろう。

薬漬けになり、あとで心身がボロボロになってから医者に文句を垂れたところで、「あんたが頼ってきたんだろ？　こちらのせいにされるのは心外ですね」と返されて終わりだ。

また、その手の薬に依存するタイプの人間は、金と男あるいは女——つまり異性と金にも依存する。

ハナから精神が弱い奴らが医師の処方薬でさらに抵抗力を低下させるのだから、それは間違いなく死に向かう列車に乗ってしまったようなもの。自己責任でしかない。

ホストクラブにハマり、ホストにちやほやされたくて毎晩飲み明かす。売掛金を貯めながらもドンペリを空け、果ては支払いができなくなり、風俗で働いてボロボロになる。そのとき、ホストクラブを責めることができるだろうか？　「じゃあ来るなよ」と言われて終わりだろう。それと同じことなのだ。

よく覚醒剤の乱用者が「友達がやっていて、ダイエットになると思って……』などと言っているが、そんなのは100％嘘《うそ》だ。逮捕されたとき、警察にそう供述するための方便でしかない。

大体、シャブ（覚醒剤）に対して一般人は、1グラムあたり二万～三万も出して入手する。たったの1グラムのために数万も出して、やめられずに毎晩売人を探し歩き、いざ逮捕されたら一度は執行猶予だろうが、二度目を刑務所で数年過ごすかと思うと、こんな割に合わないバカな話があるだろうか。

暴力団や製造する中国人側は、数キロを五百万円で運ぶ。しかし、末端価格は数億だ。こんなにオイしいシノギもないだろう。

世界中に出回っているヘロインも、同じように高い依存性と価格の安さから売人やマフィアはボロ儲けしている。しかし昔はドクターフィールグッドと呼ばれ、医者が麻薬を買う金のない奴らに横流ししていたというのが通説だ。

覚醒剤に関しても医者はもちろん類似成分を作ることができるが、その製造過程においてすさまじい匂いがするところから、国内には製造場所がない。そのため中国やミャンマーなどの工場で製造し、密輸して日本にやってくる。

しかし七十年前の戦時中、「祖国に栄えあれ」と神風に乗り込んだ兵士たちは、わが国で製造され、大日本製薬から発売された商品名「ヒロポン」と称する覚醒剤により、お国のために飲みながら戦い、労働し、殉死していったわけだ。

薬とはつまり、医者の知識があれば造れるもの。みんな、ここで気づかないか？

一時流行ったＭＤＭＡ（メチレンディオキシンアンフェタミン）、通称エクスタシー。あれは科学者であり医者でもあったアレキサンダー・シュルギンが研究で造った錠剤だ。

通称・ＬＳＤ（リゼルグ酸ジェチルアミド）。これは正確にはSand社から発売されたデリシンという商品名で、アルバート・ホフマンという薬剤師が研究開発・改良したものだ。

近年では、ジェネリック医薬品が厚生省の後押しにより流通している。民間の製薬会社が造り、元から医者にあった新薬に限りなく成分を類似させ、単価を下げて発売しているものだ。

では、ハーブだの危険ドラッグの成分。あれを素人がどうやって作るんだ？　実験室と研究員がいなければ物理的に不可能じゃないか？

薬に関しては、すべて医者が絡み、流通していると俺は睨《にら》んでいる。

乱用者は後を絶たずに廃人になり、結果的には医者の世話になる。最終的には政府と医療関係者が丸儲けじゃないか。

警察は違法薬物に関する法律が定まっていなくても、乱用者の搬送、拘留まではできるから仕事は減らない。医者と警察と厚生労働省は一石三鳥で笑いが止まらないのではないか。

覚醒剤常用者の大多数が注射器を使う。では、その注射器はどこで入手するのか？　病院や薬局以外で買えるのならぜひとも教えていただきたい。

いずれにせよ、薬物事犯につける薬はないということだ。

法律も少なすぎる。麻薬六法だの新法だのあるにはあるが、俺から言わせれば刑期が安すぎる。

刑期が安いから、再犯者が後を絶たないわけで、薬物事犯の刑期を十五年〜三十年、他人を巻き添えにしたら無期懲役。こうしたら再犯も九割は減少するだろう。

「禁断症状で、また手を出してしまった」

「薬物の依存からだけは、どうしても抜けられない」

そういう意見も多々聞くが、実際問題、刑務所の中には薬物なんて何もないし、なくて困っている人間なんかいない。

入手できる環境にいるからこそやめれないわけで、断絶された環境に身を置けば「住めば都」状態で死にはしないはずだ。

もっと言えば、「やめられない」「やめることができない」のではない。「やめる気がない」のだ。人間、出会う前は必要なかったもののすべてをやめれないわけがない。

これは薬だけの話ではない。たとえば俺は無類の酒好きだ。だが、やめられなくて嫁を泣かせたこともあるし、それこそ酒の席の失敗例を挙げたらきりがない。翌日、自己嫌悪に陥ることもしばしばだ。だがその実、本当はやめる気がないだけなのだ。

現に大好きだった煙草を今は嫁のためにやめることができた。実際、煙草を断つほうが酒を断つより千倍はキツいと俺は思う。

要するにみんな単に何か言い訳を見つけて飲みたいだけであり、吸いたいだけ。本当にやめると自分で決めたら、瞬間でやめられる。覚悟の問題なのである。

ニコチン外来なんていうものがあると嫁から聞いたが、調べてみたらニコチン自体に発ガン性物質はゼロに等しいという。発ガン性物質はタールに含まれているのだ。

さらに煙草の自販機や箱をくまなく見ると、「寿命が縮まります」などとご丁寧に書いてある。これでは「煙草のせいで肺癌《がん》になった！　責任を取れ！」などと騒いだところで完全敗訴するだけだ。

ＪＴサイドは自己責任だということをこれでもかとばかりに徹底して表示している。ニコチン外来だかは、このことを言わずに受診料を取っているわけだ。

海外ではタバコ税がバカ高いから、多くの者が電子タバコに乗り換えている。電子タバコにフルーツなどのリキッドを注入し、煙を出して愉しむ。携帯型の水タバコ（シーシャ）が主流になりつつあるのだ。

そのリキッドには、ニコチンもある。数千円で数ヵ月は持つ。タールは入っていない。俺はこれを嗜好《しこう》しているが、日本では電子タバコのＣＭすらもやらない。

サラリーマンがタバコを買わなくなり、みんなが電子タバコに切り替えたら、税収が減って困るからだろう。本当に国の思惑にまんまとはまっている。

さて、話を危険ドラッグに戻すとしよう。

危険ドラッグだろうが、安全ドラッグだろうが、違法なものは違法だ。

脱法ハーブ？　ただの大麻だろ、あんなの。

危険ドラッグなんて、いちいちネーミングにカッコつけるからダメなんだよ。「知恵遅れ破廉恥薬物」とかにすれば、ダサくてやってるなんて言えないよ

そもそも「こうはなりたくない」の見本を見たら、普通はやめないか？

しぇしぇしぇしぇのしぇ～？

あいつ、ブッ飛ばされたいのか？　あんな気持ち悪い痩せた男が涎《よだれ》を垂らしながらマンシ

ョン隣人の女性宅に上がり込んで刃物で斬りつけるなんて、問答無用の無期懲役でいいんだよ。

しぇしぇしぇのしぇ〜？

死ねよ、恥ずかしい。俺ん家に間違えてあんな恥ずかしい野郎が来たら、刃物で刺させて正当防衛を成立させてから、刃物を身体から抜いて千発は殴りつけるぞ。

何がしぇしぇしぇのしぇ〜だよ。そもそもネットで危険ドラッグが簡単に購入できることや、背景には暴力団の存在があって、数億円を売り上げているだの報道を目にするが、じゃあなんで警察庁は片っぱしから販売サイトを潰さないいんだよ。

何億も稼がないと逮捕状を取らないなんて、おかしな話だろ？　国の金にでもする気か？

あの、しぇしぇしぇのしぇ〜を見たら、もう速攻で法案を成立させろよ。

ＴＯＹＯＴＡの副社長だかの外国人の女役員も鎮痛成分の麻薬を輸入したとかあったけど、一人で勝手に金を落として、勝手に快楽に溺れてる分には何をしたって文句はないいんだよ。

他人を巻き添えにしたり、巻き込むから頭にくるんだよ。

勝手にヨレて、末期になった果てに刑務所行こうが誰も興味ねぇよ。ＡＳＫＡだののりぴーだの勝手にしろよ。

だが、しぇしぇしぇのしぇ〜みたいなのは論外なんだよ。身勝手極まりない以前に、気持ち悪いよ。

とにかく、すべては自己責任だ。やめる・やめない・やめられないはどうでもいいから、頼むから法律を厳しくしてくれよ。

バカじゃねぇの？　結局は国が国民を殺害してるようなもんだよ。

みなさんもニュースだけ見て納得していないで、シンプルに「おかしいな？」と疑問に思えば問題を声に出してほしい。

警告 九

イジメと自殺。加害者に告ぐ

イジメ問題――。
これに関しては、もはや俺は自分の感情を抑えることは不可能だ。怒りをそのまま吐瀉《としゃ》物のようにブチまけるので、中には嫌悪感を抱く読者もいるかもしれないが、お構いなしで飛ばしていこうと思う。つまり、容赦はしない。

さて、なくならないな。イジメだの自殺だの――。

この国は他国から見たら、どれだけ豊かで平和な国と思われているのか？　食うものにも困らず、すべてが恵まれすぎているほどなのに、まったくなくならない。

イジメの問題を語る際に出る言葉は、親の責任だの、学校が悪いだの、周りの大人たちがなどなど――。

違うんだよ、バカ野郎。全然違うんだよ、バカ野郎。環境もなにもないんだよ、バカ野郎。

いじめている奴らに、まず言ってやるよ。

子供だろうが容赦しねぇぞ、この野郎。親に本書を朗読してもらえよ、コラ。


まずよ、イジメをするお前らはよ……。

イジメ相手がお前らより優れているから悔しいんだろ、小僧。え、コラ？

何もかもがてめぇらより優れているから嫉妬してんだろ？　え？

引きずり回してほしいのか、小僧。

「情けない」って言葉は知っているか？　知らないなら辞書でも引けよ、弱虫が。

「カッコ悪い」って言葉は知っているか？　お前らのためにあるんだよ。覚えたか？


俺はひとつ上に兄がいてよ。幼稚園の頃はアトピーと喘息《ぜんそく》でこっちが変わってあげたくなるくらいに苦しんでいた。毎日毎日、病院に付き添っていたんだよ。

その弱い身体で、なんとか新宿区立の幼稚園に入園したんだ。年長は星組、年少は花組ってのがあったんだよ。

俺の兄貴は強いからよ、毎日お前らみたいな奴らにイジメられてるのを一年間隠していたよ。強いよな。

でもよ、俺が入園してしばらくすると、目に入っちゃったんだよ。兄貴がお前らみたいな弱虫数人にいじめられてる姿が――。

黄色い帽子みたいなのを引っ張られてよ。アトピーと喘息で苦しんでいるだけなのによ――。

そいつらは自分らのほうが元気で健康だから、優越感に浸りたかったんだろうな。

当時は兄貴が六歳で、俺が五歳になるかならないかだったか――。まだ本当にガキそのものだよ。

とりあえず発見しちゃったからよ、星組の教室に入って、積み木で一人頭をカチ割った。それで他の二人の顔面を、足がバカになるまで蹴りあげたよ。

キシ先生とかいう女の先生がよ、泣きながらなんか叫んできたから、睨《にら》みつけたら消えたよ。

そんなもんだよ、幼稚園の先公なんか。犬みたいに泣いて逃げたよ。

でも、兄貴も泣いていたらしいよ。それも兄貴が三十歳過ぎてから聞いたよ。なんでかって？　当時は、またイジメに遭うことが怖かったからだよ。

兄貴が俺に「ありがとうな」と言ってくれたのは、実は最近になってから。たまたま久しぶりに嫁とお袋と兄貴と俺の四人で飯を食ってるときだった。

嬉《うれ》しかったよ。劣等生の全国区一位みたいな俺のせいで、兄貴は散々社会的な制裁を受けてきたんだよ。

弟が極道で、刑務所なんか行くもんだからよ――。

慶應義塾大学の大学院を首席で卒業して、博士号まで取ったあとに弁護士になれたのによ。結局、諦めたんだよ。俺がヤクザだから。

中学二年のときは、俺だけ新宿区立から飛ばされたせいでよ。友達と引き裂かれて、俺の転校先の杉並区の中学に通う羽目になってよ――。

もっとひどいのはさ、当事の俺の家は風で吹き飛ぶようなボロいプレハブみたいな小料理屋の二階で、お袋と兄貴とでそれっぽくして住んでいたんだよ。

そこで兄貴が必死になって勉強しているのも知らずに、毎日俺の不良仲間や先輩が来るんだ。たまに警察が囲んだりしてよ。

そんな中でも兄貴は私立の高校は貧しい当事の俺の家じゃ無理だろうと気を遣ってな。それで公立の高校に行ったんだよ。

そうしたら、たまたま高校の入学式で俺の中学の先輩と兄貴が一緒になったらしいんだよ。

「あれ？　純士の兄ちゃん？」ってさ。

ちなみにその先輩、今は警察庁のポスターにデカデカと載って、六本木クラブ襲撃事件の主犯として六百万円の懸賞金がかかってるよ。

本当に兄貴には頭が上がらないよ。俺のせいで――。この場を借りて謝るよ。

兄貴、悪かったね。今はベストセラー作家になったから見逃してくれよな。『國殺』が売れたら焼肉で勘弁してくれよな。


まぁ俺ん家の話に逸れたけどよ、イジメってどんな気分だ？

なぁ、楽しいのか、コラ。

一人ぼっちじゃやらんだろ？　みんながやるから自分もしなきゃ……くらいの集団心理だろ？　たかだか。

なぁ、イジメしてるお前ら。

ブランコに縄でくくりつけて、遠心力で戻すタイミングでワインボトルで顔を叩《たた》き割るぞ、この野郎。

なぁ――怖い思いをさせているんだから、自分も怖い目に遭えよ。

俺は本当に容赦しないぞ？

「子供がいると気づきませんでした」とかスッとぼけて盗難車かなんかで轢《ひ》くぞ？

本当にダサいんだよ、弱虫が。

親に泣きながら助けてくれなんて口が裂けても言うなよ？

いじめられてるほうは親に心配かけまいと言わない強い奴らなんだからよ。

まぁガキに説教垂れても仕方ないが、お前らの両親や先生が見てるかも知れないから、もう少し付き合えよ。

今度は質問変えるぞ。逆にイジメを受けた奴に。

やり返せないくらいに怖い連中なのか？　まだお前らは中学生、いっても高校生くらいだろ？

相手は同級生とかなんだろ？　お前らが何したんだよ？　いじめてくる奴らの妹や彼女をレイプでもしたのか？　違うだろ？

何もしてないか、せいぜい悪口がバレただとか、お前らがモテただとか、そんなもんだろ？

恐怖を植えつけられたら、それは仕方ないさ。だが、恐怖を植えつけた奴はボス的な奴一人で、あとは愉快な仲間たちだろ？

一人になるところを待ち伏せして、覆面でも被って、角材かなんかでブッ叩いて、逃げられないのか？　そんなに怖いのか？　同級生とかが。

まぁ俺もガキの時分、いくら大人たちに「大丈夫、大丈夫」と諭されても、「本当に殺される！　わかってない！」なんて言っていたのを思い出すと、少しは気持ちもわかるぜ。

だが時が経ち、いい歳になってからバッタリ街で会ったりすると、ワンパンで勝てそうな気がするんだよ。そんなもんだよ。

ガキの頃は視野が狭いから、小さな恐怖が何十倍にもなるんだよな。

でもそれは本当は幻想に過ぎず、時間が経って各々が進学やアルバイトだと環境が変わっていくと、簡単に忘れてしまうような恐怖なんだよ。

悪いね、友達のように語りかけてさ。でも、本当だぜ。

すべては時間が解決するんだよ。夜明けの来ない夜はないんだよ。本当に――。

この前、自殺した少年がホームに飛び込みしたニュース見ていたら、一生懸命ＳＯＳのサインを、三十代のメスブタ教師にノートで伝えていたんだよ。

その豚は、更年期だか合コンが忙しいんだか知らないが、無視したんだよ。

でもな、その少年は俺が思うにちゃんと伝えてはいなくて……というか伝え切れていなくてさ、結局、女教師に見捨てられた。

「よし、本当に死んでわからせてやる！」って感情的になって、衝動的に飛び込みをしたんじゃないかと俺は思うんだ。

実は俺も数年前に自殺未遂をしてさ。包丁で切腹したんだけど、奇跡的に輸血で生きていてさ……。

人を殺す覚悟より、自決のほうが度胸いると思うんだ、俺は。

自殺を図る勇気があるんだったら、イジメっ子なんか弱虫数人なんだから、玉砕覚悟で当たるっていうのも考えのひとつだと思うぜ？

あとはスマートフォンを親に持たされているんだったら、緊急通報をポケットの中で押しちゃえよ。

イジメのたびに毎回警官が来たら、そいつらも諦めるぜ？　いじめてくる相手よりしつこくなれよ。

執拗《しつよう》に警官呼ぶとか、コンビニとかにパシられたら万引きするふりして店員に警察呼ばせたりよ。使える街や大人はフル活用しなよ。

無料通話アプリ？　LINE？

そんなのをやってるから、イジメの原因になるんだよ。親に没収されたとか適当な嘘《うそ》でも噛《か》まして、卒業まで辛抱しろよ。要らないよ、そんなの。

それでもどうしてもLINEやりたいっていうなら、瓜田純士スタンプが百円くらいで売っているから買ってよ。ジュース一本我慢してさ。

それ見せまくって知り合いなんだと言って、この本を鞄《かばん》に持ち歩けよ。いいよ、「こいつ、知り合いなんだ」とか言ってさ。


でもな、お前ら。

子を心配するのは親の仕事。とはいえ、子が話さないことで、かえって親に心配をかけさせていることを忘れるなよ。

あとは家族以外を信じるな。

教師だとか警察だとかも、みんな給料のためにやっているんだよ。だが上手く使えよ、上手く。


それとな、今、死のうとか考えてる奴に言いたい。

今は辛いだろう。しかしな、必ず少しの我慢と辛抱で、みんなバラバラになって新たな出逢《あ》いが必ず来るんだよ。

本当だぞ。だから少しの我慢じゃねぇか。一年も二年も今の闇は続かない。

信じろよ、俺を。


さて、なんにせよ今も昔もこのイジメという問題はなくならない。

当事者にばかり語りかけてきたので、周りの大人たちにも言っておきたい。

生意気な論調を許して頂きたい。生意気だから。俺は。

まず子供のことが本当に心配ならば、まずスマートフォンは持たさないでくれ。キッズ携帯やテレフォンカードで十分なんだから。ネットを遮断させれば、大多数の問題は間違いなく減少する。

そして少しでも暗い表情や青タンを見つけたら、張り倒してでも何があったかを聞いてあげてほしい。

学校の教師に対しては、何も言うことはない。てめぇらは糞《くそ》の役にも立たねぇ。

あと、今の日本は全国カメラだらけ。なので、極力、カメラのあるような場所で子供を遊ばせてほしい。動かぬ証拠はカメラと音声と活字しかない。最後はカメラが有力な証拠になる。

最後にもう一度、いじめている奴に言っておく。

いつか自分に帰ってくる。恥ずかしいから、もうやめろ。

イジメに遭ってる奴にも、もう一度言っておきたい。

勇気がなければ、逃げろ。逃げられないなら、上手く大人を使え。

死のうと考えている奴にも、もう一度言っておきたい。

今を乗り切るんだぞ。いいか？　すべては時間が解決する。

このことだけは絶対に間違いないと俺からみんなに約束したい。

警告 終

瓜田純士に告ぐ

さて、これまで社会問題やらなにやらについて、瓜田主観というか、俺の一方的な主張というか、とにもかくにも思いを書き殴ってきた。

だが人のことばかり好き放題書いて、自分のことに触れないのは卑怯《ひきょう》なのかもしれない。「偉そうに言ってるけど、お前は何様なんだよ?」という声もあるはずだ。

そこで自分に向けたこの章を、エピローグもしくはラストソングとしたい。

瓜田純士――。

俺はこれまで自分の名を売って生きてきた。だが知らない人たちに対しては、ここで改めて「瓜田とは、一体、何者なのか?」という説明が必要だと思う。「どんな人物なのか?」ではない。「どんな傷が過去にあるか?」だ。

今だからこそ――一歩離れた場所から見える、本当に素直な自分。あるいは過去の瓜田純士。物書きとしての瓜田が過去に置いてきた、アウトローな瓜田。

その部分を紐解《ひも》くためにも、現在の自分の目から見た〝あの頃の瓜田〟について触れておきたい。

時計の針を一度、八年前に戻す。


——真っ暗闇の病室——

薄暗い病室のベッド。拘束ベルトで縛られている。

ベルトは三ヵ所。仰向けの状態で、両肩、腹、腰と巻かれていた。

股間には紙のオムツ。性器にはカテーテルが差し込まれている。

もう終わりだ——。ここは夢も希望も、目標までをも気持ちよく殺してくれた。

話に聞くことはあった精神病院。そんな精神病院の閉鎖病棟に自分が寝ている。まるで実感が沸かないが、勝手に涙が溢《あふ》れて出てくる。

その少し前は刑務所にいて、やっと手に入れた自由だったのに——。

さらに時計の針を昔に戻してみたい。十七歳の頃に。

尋常じゃない緊張感。これから自分はヤクザ——暴力団の構成員になるのだ。

同じ年の連中は、まだ高校がどうだの、恋人とどうしただのと、青春まっ盛りで浮かれている。なのに、なぜ幼い顔の暴力団員が誕生する必要があったのか？

まだ中学一年生の頃、俺は地元・新宿から離れて、杉並区に引っ越すことになった。

あまりにも目立つ素行の悪さ。そこから数々の傷害事件と暴行、百件近い被害届と、数えきれないほどの補導と、児童相談所の脱走——。

手を焼いた新宿区の判断は、杉並区への強制転校だった。祖父が生前に持っていたボロボロの小料理屋が高円寺にあり、そのプレハブの二階で中学時代を過ごすことになったのである。

杉並でも俺は、一通りの悪さと喧嘩《けんか》を繰り返した。それと同時に、地元の先輩からはとんでもなくキツいヤキをもらっている。十五歳の終わりくらいの話だ。

十一時間にもわたって殴って蹴って……。真の恐怖を俺に植えつけたのは、現在、警察庁から国際手配がかかっている関東連合リーダーの見立真一君。本当にハンパじゃなくシメられた。

このときは完全に自分が悪かった。先輩たちにあだ名をつけ、なおかつボロクソに陰口を言っていたのだ。そんな話が自分の耳に入って、それでも怒らない不良などはこの世にいない。

高校なんて行くつもりもなかった。十六歳になっても都内で過激な喧嘩を繰り返す日々は続き、その喧嘩が原因で先輩からヤキをもらうことも相変わらずあった。

恐怖――。悔しさ――。

先輩たちに対して、いろんな感情が複雑に自分の中で渦巻いていた。

先輩からは暴走族にも誘われたが、断った。不良の世界から逃げるようにして、一年近く真面目に鳶職《とびしょく》で働いたりもした。ところが、いくら汗だくになって働いていても、自分の中から悔しさが沸々と込み上げてくる。

とうとう覚悟を決めた。

新宿に戻って、ヤクザになるしかない――。

そうとなったら、話は早かった。

自分がヤクザになるということに抵抗感がまったくなかったといえば嘘《うそ》になるが、先輩たちに対する悔しい思いのほうがはるかに勝っていた。

日本の不良の世界や裏社会というのは、なんだかんだ言っても頂点にはヤクザが君臨している。

いわゆる半グレと呼ばれる連中は、ヤクザを都合よく利用していると主張するかもしれない。あながちそれは間違いではない。でも同じように、ヤクザもヤクザで半グレを利用しているると考えている。要するに、両者とも持ちつ持たれつの関係なのだ。

だからこれは見方次第なのだが、俺に言わせれば、やはりヤクザが上の存在。先輩たちを見返すためには、自分が本職になるしかなかった。地元の先輩や不良連中と袂《たもと》を分かち、上から見下ろしてやりたかった。

くだらないプライドだったのかもしれない。ただ、決して行き当たりばったりではなく、自分なりに真剣に出した答えだ。もう後には引けなかった。


「登録式《とうろくしき》」と内部で呼ばれるヤクザ社会の義理事がある。ここに出席することで、俺も晴れて指定暴力団・極東会系の暴力団組員となった。

ヤクザ社会は一般社会とは異なる価値観で動いている。中にいると全員がその特殊な目線で物事を見ているので、どんどん感覚がおかしくなっていくのだ。

「○○の組織の親分が誰とメシを食っているらしい」とか、「○○組の代行が亡くなったから、うちも待機がかかるんじゃないか。となると、酒飲んじゃマズいだろ」とか、「じゃあクリーニングに出している義理服を用意しなきゃ」とか、そんな会話が日常になってくる。

普通のサラリーマンやＯＬが「義理服」なんて言葉を使うだろうか。ただ、あの世界ではこれが常識なのだ。

組織に入ってからしばらくの間は、ただただ真面目に極道をやった。

ただし、真面目といっても映画や本で描かれているヤクザの世界はまったくのデタラメ。

現実は義理も人情もあったものじゃない。

全員が全員、ドス黒い腹を探り合い、足を引っ張り合う。シノギを巡って、毎夜のように喧嘩と抗争事件が勃発する。

シノギといっても、その大半は覚醒剤だの麻薬の密輸である。

拳銃だの麻薬だのといった世界は、十七歳の自分にはあまりにも衝撃的だった。だが、それだって一年もすれば麻痺《まひ》してしまう。

麻薬に関しては「売るなら打つな」などというわけのわからない言葉がヤクザ社会ではびこっている。その言葉に洗脳されるようにして、気づいたら俺も密売をするようになっていた。

そもそもの話、冷静に考えればヤクザにまともな仕事なんてあるわけもない。そこで手っ取り早く金になるのが麻薬だ。上の連中も「クスリには手を出すなよ」などと言っておきながら、実際は自分でも吸っているようなケースが多い。となると、その言葉には何の説得力もない。

忘れられない光景がある。ある日、調子に乗った俺がクラブ内でＭＤＭＡをバラ撒《ま》いた。すると店内にいた客たちは、嬌声《きょうせい》を上げ、目を血走らせながら、床に落ちたＭＤＭＡを必死で拾い始めたのだ。それはまるで進駐軍の投げるチョコレートに群がる戦後の子供のようだった。

――こいつら、終わってる……――

そう感じた俺自身も、今にして思うと終わっていたのかもしれない。何もかも感覚が麻痺していたのだ。

不夜城・歌舞伎町の夜の世界は瞬く間に過ぎていく。もう怖いものなんてあるはずもなかった。タガが外れたようにして、無茶苦茶な毎日を過ごした。

そんな毎日だったから、当然のようにコカインからＭＤＭＡまで一通りの薬物も経験した。ただし、シャブ（覚醒剤）だけは手を出さなかったが――。

組織内のトラブルから、落とさなくてもいい小指も飛ばした。いわゆるエンコ詰めというやつだ。

原因は、ほんの些細《ささい》なこと。小さな意地の張り合い、あるいは上の人間に対する見せつけと言ってもいい。単なるその場の勢いだったと思う。そもそもヤクザの世界に理屈などないのだ。

経緯はこうだ。まず歌舞伎町でちょっとした事件が起こる。自分としては組織の人間として筋に沿った行動を取ったつもりだったが、これが上の人間からは理解してもらえなかった。勝手な真似をするなというわけである。それで頭にきて、自分から落とした。

正確にいうと、最初は包丁で落とすつもりだった。ところが、上の人たちが待つ歌舞伎町・アマンドの前に到着すると、シルバーフォックスのファーのポケットにしまっていたはずの包丁がなぜか見つからない。

とはいうものの、大勢が見ていたこともあり、今さら引き返すこともできない。腹を決めて、小指を一気に食いちぎった。

ところが驚いたことに、顎を使って力を入れてみても、人間の指は簡単に噛《か》み切ることができないのだ。結局、これを七回くらい繰り返したあと、最後は肘を使って強引に食いちぎることになった。

これで第二関節までが一瞬でなくなる。口の中に転がった小指は、テーブル上のカプチーノの中に吐き出してやった。

ものすごい量の血がボタボタと落ちてきたが、テンパっていたので、さほど痛みは感じなかった。

そのままアマンドを飛び出すと、近くにあったサンクスに入り、店員に頼んでシールをもらった。商品を買ったときに貼られる、「Sunkus」と記された例のシールだ。あれで小指があった場所をグルグル巻きにして、そのままポーカー屋に直行した。どうにでもなれという気分だった。もう半ば狂っていたのだろう。

二十三歳になる頃には、とうとうシャブにも手を出すようになった。いわゆる炙《あぶ》りといって、口から吸引する方法である。

まだ体内に覚醒剤が残っているときに、警視庁から拳銃の不法所持で内偵捜査をされているのも知らずに、新宿の伊勢丹《いせたん》付近でパトカーに囲まれた。そして、そのまま逮捕された。執行猶予の最中だったため、別の事件と並行して、覚せい剤取締法違反の所持に使用が加わって刑務所に行くことになった。

本職のヤクザが薬物事犯で刑務所に入ると、悲惨な目に遭う。

他の受刑者から具体的な被害を受けるわけではないが、惨めな感情がじわじわと込み上げてくる。ヤクザにとっては重要な、周囲への見栄や面子といったものが崩壊していく感覚。

これには長い間、苦しめられた。

「あいつは、ただのチンピラだ。いや、それ以下のポン中だ」

そういった烙印《らくいん》は、狭い刑務所の世界にあって非常につらい。自分のしたことだから仕方ないとはいえ、ゴミのような扱いを受けた俺は、歌舞伎町での勢いをみるみる失っていった。絶望感しかなかったように思う。自分が転落していくのは最低の気分だった。築き上げてきた信頼がすべて失墜したのは当然だとして、不良の世界での名声すらも霞《かす》んでいく。瓜田純士という名前があっさり忘れ去られていくことにも大きな不安を覚えた。

刑務所の中では、粋がることもつっぱることも無意味だ。本を読むことくらいしか、やることがなくなってくる。

だから本だけは浴びるように読んだ。最終的には二千冊近く読んだと思う。一日三冊ペースだ。

受刑者たちの多くは最初こそ『実話ナックルズ』などの雑誌を読むが、半年もすれば活字の書籍に流れていく。ぺらっと読めてしまう実話誌やファッション誌よりも、しっかりと読めるものを欲するようになってくるのだ。

とはいっても文字ばかりの本の読み方なんてわからないから、最初は『ハリー・ポッター』から始まった。それすらもページをめくるのに時間がかかったし、内容も難解に感じたものだ。シドニー・シェルダンもほとんどの作品を読んだと思う。

刑務所では官本と呼ばれる貸本のような制度があって、さまざまなジャンルの作品と触れることができる。これは大きな収穫だった。

中でも大沢在昌《おおさわありまさ》さんや馳星周《はせせいしゅう》さんといったノアール系の作品は最高に興奮した。こんな作品を書けるなんて、この人たちはとんでもない天才だと素直に感服した。作家と呼ばれる人種に俺は憧れを持ち始めた。

ノアール系の小説は掛け値なしで面白い。だが、細かいディティールの部分で「ん？」と思うところも俺からすると若干あった。それはたとえば『新宿鮫《しんじゅくざめ》』の歌舞伎町で繰り広げられるシンナーの売買や台湾人の描写についてである。

「ここの場面は、もし本物の新宿を知っている俺が書くのなら――」

自分もやれるんじゃないかという気持ちが芽生え始めてきた。読むことが面白くなると、書きたいという気持ちが出てくる。

東野圭吾《ひがしのけいご》さんの『手紙』を読んだときはボロボロ泣いた。リリー・フランキーさんの『東京タワー ～オカンとボクと、時々、オトン～』も死ぬほど泣いた作品だ。『東京タワー』は、自分でも書きたいという気持ちを後押しする決定打になった。

――こういう自叙伝的な内容なら、俺でも書けるか？――

――いや、やらないでどうする――

村上春樹などの純文学ももちろん読んだが、あまりにも自分とは筆力が違い過ぎて、世界が違う気がした。だが難しい表現を使わない『東京タワー』のような作品なら、なんとか俺も書ける気がしたのだ（容易な表現を使って作品にまとめることは、実際はものすごく大変な作業なのだが――。）

ところが、そんな淡い俺の気持ちも桐野夏生《きりのなつお》さんの『顔に降りかかる雨』や『OUT』、中島らもさんの『ガダラの豚』なんかを読んだときは木っ端微塵《みじん》に打ち砕かれた。やはり本物の作家が書く活字の持つ力はレベルが違いすぎる。浅田次郎さんの『プリズンホテル』を読んだときは、「俺は二泊三日の話を一冊にまとめることができるのか？」と考え、勝手に落ち込んだ。

作家と呼ばれる人たちには、実力でとても敵わない。俺は新宿のことしか書けないだろう。でも新宿のことだったら、もっと別の角度から面白くリアルに書けるかもしれない――。そんな気持ちがグルグルと回っていた。

閉鎖的な空間なので、活字を追うだけで頭の中に情景が浮かんでくる。シャバで読むよりもリアリティを感じるのだ。読める冊数は制限されているので、同じ本を何度も読んだ。そうすると新たな発見があった。

テレビで映画やドラマを観ると、作品の多くは小説が原作にあると知った。作家に対する憧れがますます強くなる。もし、背表紙に自分の名前が印刷されていたら、どんな気持ちになるんだろう？　自分が作家になることを夢にまで見るようになった。

ところが月に一度、お袋に手紙を書くたびに自信をなくした。学がない人間が文字を書くとはどういうことか？　これは想像できない人もいるかもしれない。

まず第一に、漢字がわからない自分は辞書がないと文章を書くことができない。では普通に文章を書くことができる人間は、どうやって漢字を書いているのだろう？　こいつら、もしかしてワープロで変換しているのか？　それにしたって、本一冊分の漢字を変換するってすごいことなんじゃないか？　目の前の官本を眺めながら、頭の中は疑問符でいっぱいだった。何もかもが謎の世界だった。

そんなときに手紙を検閲する職員が、俺とお袋とのやりとりを見て感じるものがあったようで、文芸コンクールへの応募を進めてくれた。俺は〝新宿テコンドー〟のペンネームで『Mother』という小説を書いた。

そのとき俺は、懲罰と呼ばれる刑務所の中で起こした不祥事の戒め期間中だった。瓜田に鉛筆やシャープペンを渡すと武器にするから危険ということで、シャーペンの芯を使って原稿用紙のマス目を埋めていく。

果たして『Mother』は大賞作品に選ばれた。生まれて初めての賞状ももらった。

当時は角川春樹さんや中島らもさんも収監されていた時期だ。この文芸コンクールは「刑務所の芥川賞《あくたがわ》」とも呼ばれており、五千五百作品の中から選ばれたことは率直に言ってうれしかった。

暗闇の中から、少しだけ明るい希望が見え始めたような気がした。先の見えない将来に対する不安に、夢みたいなものが混じり始めた。

思えばガキの頃から張り合うことばかりで、夢なんて見る方法すらも忘れてしまっていた。出所の日を待ちわびた。『ドブネズミのバラード』という処女作のタイトルだけは温めていた。

俺みたいな過去を持つ人間が日の当たる場所に出ようとすると、必ず足を引っ張ろうとする連中が出てくる。そこにはジェラシーの感情もある。俺自身も昔は、

「あの野郎、なんで途中でハネたくせに平気な面して道を歩いているんだ？　生け捕ってこいよ」

なんて言っていたものだから、そのへんの気持ちはよくわかるのだ。そもそも心の底から本当に好きでヤクザをやっている奴なんて、この世にはいないはず。心のどこかでは早く辞めたいと感じながらも、ズルズル引きずっているのが大半だと思う。

希望を胸に刑務所を出たはいいが、すぐに自分の意志とは真逆の事態に振り回されるようになる。人間関係のしがらみ、ネオン街の誘惑、古くからの友人の果しなき抗争、組織の人間からの睨《にら》み……。

組織にはすぐ離脱届を出したものの、「しばらくゆっくりしておけ」など言われて結局はなぁなぁにされた。しょうがないから自分から「札」を折りにいったり、サンクスのゴミ箱に捨てたりもしたが、それでも簡単には辞められなかった。

正直なところ、何度も昔の世界に引き戻されそうにもなったが、ギリギリのところで踏ん張って生きてきた。どんなことがあっても、作家になりたいという一心だけは決して揺るがなかった。

女ができて、初めて結婚をした。そして友人の店で働き始めた。地に足を着け、カタギの生活を始めた。そんな矢先に……再び暗闇が訪れた。

ただ、今思えば、これも身から出た錆《さび》というか、自業自得だったのかもしれない。自分では精一杯普通に振る舞っているつもりでも、どこかがおかしかったのだと思う。

簡単にいえば務所ボケというやつだ。海外旅行のときの時差ボケに近い、周りの人たちと感覚がズレた状態。

俺としては作家になろう、カタギになろうと、とにかく必死だった。その必死さが厄介だったのかもしれない。ヤクザをしているときの狂気じみた顔つきも抜けず、無駄に周りに不安を与えてしまっていたのだ。

お袋と嫁は結託し、「なんだか様子がおかしい」「雰囲気が危ない」「何をするかわからない」と、そんな目で俺を見始めるようになった。

二人は、また俺がヤクザに戻るのではないかと心配していた。あるいは覚醒剤の後遺症でおかしくなっているのではないかと疑っていた。彼女たちは、ひどく怯《おび》えている。家族からも信じてもらえないままで、俺は疲れ果てた。

ヤケを起こし、実の母親に対して刃物を向けたこともある。これによって、二人はますます態度を固くしていった。

もちろん俺だって、誤解を解こうと何度も話し合いの場を設けようとした。ところがその行動すらも怖がられて、最後は実家の鍵を変えられてしまった。

ショックの感情は怒りに変わった。実家のドアには小窓調の強化ガラスがついていたのだが、せめてもの抗議の意志を示すためにその強化ガラスを消火器で叩《たた》き割り、勢いよく消火器を噴射させた。

――畜生、このわからず屋が……！――

そんな気持ちだった。

俺からすればその程度の気持ちだったが、そんなに世の中は甘くはなく、話し合いどころか事態を悪化させてしまう。数日間は手ぶらでそのへんをブラつき、金もなくなったので仕方なしに実家に戻ると、すぐさまパトカーに囲まれた。

――ハメやがったな？――

そんな言葉が頭に浮かんだ。お袋や嫁によって、警察に通報されていたのだ。

精神保健福祉法24条通報といって、精神障害者によって自身の身の危険、あるいは家族に危害を及ぼすと判断されたときに、病院に措置入院させる行政の手続きがある。このとき、俺はその24条通報をされていた。

パトカーに乗せられて、毛布で丸められて、麻酔を打たれる。薄れていく記憶と重い瞼《まぶた》で独《ひと》り言《ご》ちる。

――ひどいよ……――

目を開けると、目の前には医者がいた。二～三簡単な質問をされてから、トイレに行きたいと伝えて警察官数人とトイレに向かうとき、お袋と嫁を見つけた。

強烈に睨みつける。二人は何やら警察官とコソコソと話していた。

警察官数人に囲まれて付き添われている状態だから、身動きなんてまったく取れない。用を足してから、再び医者がいる部屋に戻された。

医者が書類を作って見せてきた。隙を見て抵抗しようとしたが、押さえつけられた。書類には「反社会性人格障害」と書かれていた。茶番以外の何物でもなかった。

「ふざけるな！」

そう言って立ち上がったつもりだったが、二度目の麻酔を打たれて、今度は完全に眠りに落ちた。

目覚めたとき、俺は田無市にある薫風会《くんぷうかい》山田病院という精神病院の閉鎖病棟のベッドにベルトで繋《つな》がれていた。

まさに闇の中だ。恐怖よりも、悲しみと悔しさの気持ちが強い。仰向けの状態のまま、ただ涙を流し続けた。

この世に、これほどの暗闇があるのか？　少なくともここ日本では、こんな地獄のような場所が実在していることが想像できなかった。

ちょっとした家族の誤解によって、見ず知らずの医者に勝手な病名をつけられ、カルテに記される。社会とは完全に隔離され、身動きが取れない状態で紙オムツを履いている自分。

家族からキチガイ扱いされるという屈辱。看護士からも気の触れた人間だと警戒されながら、金属のドアが施錠された閉鎖病棟の個室にいる。

ちょっとでも身体を動かそうとすれば、腕から足にかけてミシミシと音が鳴る。拘束ベルトは頑丈で大きく、革の匂いがキツい。もはやこれは、耐えられる耐えられないのレベルではなかった。

家族って何なんだ？　信じていた俺のお袋と嫁……。

二人にしてみれば、自分たちだけはまとも。頭がおかしい俺のことを恐いと思ったので、精神病院にブチ込んだ。それで自分たちは楽になれる。

でも、家族ってそんなものなのか？　芝居じみた台本を作って、その通りにことが進んだと喜びながら、今頃は二人で祝杯でも上げているのか？　……ぶっ殺すぞ？

そう考えたところで、現実の俺は身動きひとつとれやしない。この暗闇にはゴールも出口もない。

小さな頃から大好きだったお袋とひとつ上の兄貴。そして刑務所から出所してすぐに出会った初婚の嫁。その嫁の家族……。

——もう全員殺そう……——

——全員殺してから、自分も死ぬしかない——

金属バットで全員を撲殺してから、自分は新宿の街中に立って、拳銃でこめかみをブッ放すんだ。

夢と希望——か。刑務所の中で見つけた俺の新たな夢。作家になってみせるんだと自分の可能性に胸を膨らましてシャバに出たものの、気がつけば精神病院の閉鎖病棟にいる。そして今は、ここを出たら速攻で家族を殺害して自害するという真っ暗な目標へ、作家の夢が変わり果てていた。

だが、そんな黒い目標すらも、身動きが取れない状態が何日も続けば、頭から消え去っていく。となると、考えることはひとつだけだった。

——死のう——

この世界は、あまりにも悲しいし、あまりにも悔しい。

もう死ぬしかない——。あんまりだよ、みんな。俺をこんな目に遭わせて、本当に楽しいのか？

身体を動かそうとしても、ミシミシ音がするだけで微動だにしない。やることすべてが無意味だと知り、両の目から涙が溢れて止まらなくなる。極限状態の絶望だ。

あのときの自分に、今の俺を見せてやりたい。時計の針を動かせるなら、今すぐ見せてやりたい。

自分の力で欲しい幸せを摑《つか》みにいき、自分がポスターや映画にまでなり、天使のような最愛の妻と二人で笑顔のまま過ごしていると、今のありのままの姿を見せてやりたい。

——いや、見せたところで信じやしないだろう。あんな所にいたら、何ひとつ信じられなくなるのも当然の話だ。

それにしたって、自殺すらできないなんて——。革の匂いと紙のオムツで動けない日々が永遠に続いていくなんて——。

瓜田純士はこれが最期なのか？　俺はそんなものだったのか？

無様な現実を目の当たりにして、情けなさと悔し涙から笑えてきたことを鮮明に記憶している。

瞳を閉じて、ゆっくりと呼吸しながら思い出す。

——小さい頃からいつも、どうやって危機的な状況を乗り越えてきたっけ？——

冷静になれ。頭を使え。鋭くなれ。

革の匂いから、答えを導き出した。

——こんな革のベルト、しょせん人間が取りつけただけじゃねぇか——

閉鎖病棟は見回りの時間が決まっている。おおむねそれは三十分に一度。屈強な身体をした看護士が、懐中電灯を持ちながら各部屋を回る。

最初は腕から少しずつ動かしてみる。——ダメだ。ムチャな体勢から動こうとすればするほど、身体が攣《つ》りそうになる。痛いだけである。

しかし、時間は永遠にあった。少しずつでも身体をギシギシ動かしながら、見回りが来るのを待つ。

看護士は、金属の扉を開くと必ず「大便は大丈夫ですか？」と聞いてくる。俺はそのたびに大便がしたいと申し出た。腹のベルトだけは絞めたままだが、両腕と腰の部分は一度外してもらえる。ここで無理矢理にでも大便をする。出なければ、出そうな表情を作る。少なくても、踏ん張る素振りをする。そしてまた押さえつけられながら、革ベルトを両腕と腰に戻される。

次の見回りは三十分後。とにかく、これを何度も何度も繰返した。そしてその都度、大袈《おおげ》裟《さ》な姿勢を取る。これを何度か繰返しているうちに、ついにチャンスが到来した。腰部分を巻く革ベルトのストラップ金具が、少し緩んできていたのだ。片方は外れかけている。

全身を脱力させる。神経を研ぎ澄ませ、肩から指にかけてゆっくりと腰ベルトの金具を探す。金具が外れた。右下の腰の部分だ。

見回りを待つときは、さすがに緊張感が走る。外した金具を看護士に発見されたら、すべては終わるからだ。寝たふりに徹した。「大便は大丈夫ですか？」と聞かれても、なお寝たふりをした。看護士は金属音を鳴らしながら、施錠して出ていった。

右下の腰ベルトの金具を外した次は、右腕で腹に巻かれたベルトの金具を探す。運悪いことに、これも同じ右側にあった。左によじれるような無理矢理な体勢から、なんとか金具を掴もうともがいた。全身が攣《つ》りそうである。だが大便のたびに何度も大袈裟に動いていたので、金具はだいぶゆるくなっていた。こうして腹ベルトのストラップも外れた。

右腕が自由になると、左側の腰部分に取りかかり、両肩のベルト以外はなんとか外すことができた。腰と腹のベルトを外すことで、左手も自由になった。その後は順調だった。全部のベルトを外し、身体が自由になったのだ。

息を殺して見回りの看護士を待つ。果てしなく長く感じる。見回りは、いつもと同じように懐中電灯を持ちながら金属音の扉を開けてきた。俺は扉の近くに隠れている。

看護士は、誰もいない革ベルトだけのベッドの様子に驚いた様子だった。ベッドに近づいてきた直後、俺は後ろから首を絞めるようにして口を塞ぎ、背後から耳元に囁《ささや》いた。

「院長に会わせてくれよ」

怯えているのが背後からもよく伝わってきた。廊下に出ると、看護士に院内携帯電話で連絡をさせた。

「院長を至急よこしてください。何人も来たら殺されてしまうと院長に伝えてください。院長に助けてほしいと伝えてください」

看護士は、俺に強要された台詞をしっかりと電話で伝えた。もしも院長が来なければ、大人数に押さえ込まれる。

そうなると、看護士に本当に手をかけなくてはならなくなる。それだけは、こちらとしても避けたいのが本音だ。

——頼む。生きるためなんだ——

背後から羽交い締めにしたまま、院長を待った。すると山田病院の院長は、本当に一人で現れた。威風堂々とした様子で、俺を見てから言った。

「はじめまして。瓜田さんでいいのかな？　僕の大切な看護士を離してくれないかな」

「退院が条件だ。書類を作成してくれよ。じゃなけりゃ、こいつの首の骨を折るぞ」

もうカードはこれしかない。院長は器量のある人間だった。

「カルテでは、あなたは反社会性人格障害とある。ただ私から見たら、ただの元気な兄さんだね」

院長は続けた。

「あなたの入院を依頼したのは、お母さんと嫁さんということだね。まずはそこを納得させるのが先だ。こっちだって、元気な兄さんをただ泊めておきながら、ムダ飯を食わせたくはないさ」

思っていたよりも話が早そうだ。

「今すぐに退院はできないのか？」

「退院は約束する。だから看護士を離してくれ」

院長を信じて、看護士を離すことにした。ここからは二人きりで話し合いを続ける。

院長とは今でも仲がよく、たまに挨拶に行ったりする。率直に言って、素敵な人物である。

院長とは、すぐに打ち解けた。

院長は反社会性人格障害の烙印を打ち消してくれたが、やはり強制24条通報で来た場合、それなりの行政手続きを踏まないといけないということだった。24条通報は、現在では23条通報に変わったらしい。

院長との話し合いから、話の落としどころが見えてきた。

《家族を納得させせて、外出・外泊の手続きをしながら退院する》

当然、これはハードルが高い。お袋や嫁は、俺に殺されると恐れているからだ。

なにはともあれ、俺は金属音の扉の部屋から通常の病棟に移動できることになった。通常といっても、立派な精神病棟ではあるのだが……。

翌朝、院長から報告がきた。表情を見ると、苦笑いしている。

「あんたも大変だね。嫌われてるよ。困ったもんだ」

「今、どうなってるんですか？」

院長によると、どうやら二人は帰ってきたら困ると突っぱねてきたらしい。

やはりか――。これは十分に予想されたことだった。さらに院長は説明を続ける。

「当然、家族は恐いでしょう。でも、病院に置いておく必要はないんだと私が説明すればいいだけですから」

俺は「じゃあ、それを早くしてくれ」と頼んだが、すぐには無理だと言う。

すぐには無理だが、院長と話し合いを進めながら、慎重に退院の日程を決めていった。お袋や嫁は、そんなことを知るよしもない。知らない間に、手続きはどんどん進んでいく。

それから数日が経ち、外出の日がやってきた。

数人の看護士の見張りが着いた状態のまま、お袋と嫁の家族と田無駅前のファミレスで食事をした。内心は怒りで震えていたが、ごく平穏に普通を装っていた。

絶対にこの悔しさは忘れないでおこうと、心に固く誓った。


八年前のあの夜に戻る。

院長にお辞儀をしてから、山田病院を出た。スリッパとパジャマ姿の一文無しだったが、院長から電話代を二千円だけ借りた。

新宿に直行すると、小銭をジャラジャラさせながら、夜の公園で一人缶コーヒーを飲んだ。

そうしたら、なぜだか涙が溢れて仕方がない。

——なんで大好きなお袋が……——

——なんで俺は、ここにいるんだろう?——

そのとき、なんとなく空を眺めてみた。そこには大きな満月が光を放っていた。月明かりに圧倒されるようにして、俺は夜空に見とれていた。

——賭けてみよう——

自分の運命を月にすべて賭けた夜。ジャラジャラした十円玉を、月夜に思いきり投げつけた。

コインはどこかに消え失せた。周りへの殺意や憎しみの気持ちも、これですべて消え失せていた。

刑務所よりもはるかにキツい精神病棟。そこから自由になれたとき、もう絶対に成り上がって這《は》い上がるしかないと心に誓った。

それからの俺は、尋常じゃないスピードで、這うようにして生きてきた。

無料で作れるblogを皮切りに、ひたすら書いて書いて書いてはチャンスを探し続けた。

俺には明日の保証なんてない。明日、死んでしまうかもしれない。後悔しないように、今だけを全力で駆け抜けてきた。

おかげさまで、運だけはすこぶる良い。八年前に格闘技イベント「THE OUTSIDER」旗揚げ戦に乗り込んだ際は、マスコミや友人・知人、それに不良仲間からの反響がすさまじかった。その後も名前を売れるならと、全国の地下ファイトにも殴り込みをかけ続けた。跳ね上がるblogのアクセス数、舞い込んでくる出版の話、映画や音楽——電光石火のごとく、急ピッチで名を売っていった。

そのうち、世間やマスコミは俺のことを「アウトローのカリスマ」と呼ぶようになった。

実はこの「アウトローのカリスマ」という称号、三年前に行われた格闘技大会「BERSERKER」の「瓜田純士アウトロー引退試合」によって、「元アウトローのカリスマ」へと塗り替わることになる。

試合は壮絶かつ一方的だった。グローブなし、判定決着もなし、一分1ラウンドの過酷なルールの中、金網の中で拳を交えた内藤裕《ないとうゆたか》さんとのラストfight。一分間に七十七発のパンチを浴び、それでもなお立ち上がり、ディファ有明でアウトロー引退を観客に約束する。

しかし、いくら自分で引退したと主張したところで、マスコミの多くは俺のことを相変わらずアウトローと呼び続けた。他に呼び方が見つからないのだから、彼らにしてみたら仕方ないことだったのかもしれない。

「瓜田はアウトローをやめたんじゃなかったのか？　卒業したとか言っているけど、まだアウトローに未練があるんじゃないのか？」

そういう見方も世間からされることもあった。では改めてここで問いたいが、そもそもアウトローとは何だろう？　アウトローという言葉の定義の話になってくる。

どんな社会や世界にもアウトローな生き方は存在する。法律を守って、まっとうにカタギで生きていても、アウトローはいるのだ。

俺が考えるアウトロー、それは破天荒で型破りな生き様。しっかり自分を持ってオリジナルな存在でいること。決して首輪をつけられない野良犬のような美学。牙を抜かれないで飢えていること。人に何を言われようが自分を貫くという覚悟――。

サラリーマンの世界だって、アウトローはごまんといるだろう。たとえば部下を全力でかばうために会社に歯向かったら、それは立派なアウトロー的行動。人の顔色を覗《うかが》うことなく、組織の都合よりも自分の信念を優先させているのだから。

逆にヤクザ社会は、アウトローどころか完全にインローだ。組織の利益が何よりも優先し、組織に歯向かう奴は消されるだけの世界。俺から言わせれば、こんなにサラリーマン的な生き方はない。周りの顔色を覗っている時点で、単なるコバンザメだ。事実、組組織の人間は自分のことをアウトローなんて言わないではないか。

そういう角度で考えれば、教師にだって学生にだってアウトローは存在する。これを読んでいるあなただって、立派なアウトローになれるかもしれない。所属する集団の看板よりも個々の能力が問われる時代だからこそ、アウトロー的な精神性が求められているとも言える。

要するに俺は不良の世界から足を洗うという意味でアウトロー卒業を宣言したが、生き様としてのアウトロー――自分を貫く傾奇者であるということはやめられない。やめようがない。死ぬまでアウトローでやっていく。

ただ正直言って、もう今はアウトローだろうが元アウトローだろうが、どう呼ばれようが気にしていない。見る人が判断してくれれば、それでいい。自分の芯がブレないでいれば、何を言われても別にどうでもいいと感じるようになった。

波瀾万丈《はらんばんじょう》の半生だったと自分でも思う。俺には破滅願望みたいなものがどこかにあって、新宿の真ん中で割腹自殺をはかったこともある。

「なんで、そんなことをするんだ？」

そう聞かれても、うまく答えられない。あの頃は様々なプレッシャーがあったのは事実だし、精神的にも参っていた。いつまでも断ち切れない不良の世界でのつまらないしがらみや、当時つき合っていた女のこと――そのほかにも細かい問題が山積み状態で、くたびれきっていたのだ。

ただこれも、結局はヤクザ時代に指を食いちぎったのと同じような行動原理だった気がする。破れかぶれというか、開き直りというか、「どうにでもなれ！」と「じゃあ見せてやるよ、コラ！」が交錯する精神状態。

だから上の人間の前でやったエンコ詰めのときと同様、割腹をしたのも女が働く店の前だった。リストカットで誰かにアピールしている少女たちと一緒で、人に見てもらいたいというマインドが俺の中に働いていたのだと思う。ただ死ぬだけなら、富士青木ヶ原樹海で練炭自殺をすればいいのだから。

二年前もヤクザに何ヵ所か刺されてNEWSになった。だが、そんなのは俺からすればどうということもない話だ。NEWSといえば、つまらない痴話喧嘩から全国のお茶の間に顔を晒《さら》したこともあった。タレント・JOYの姉を脅迫したと報じられた一件だ。

ただ、そんなときでも俺は書き続けていた。

表現者として映画や音楽や格闘技などいろんなことに手を出してきたが、俺にとって一番大事なのはやはり文章。

言葉は人を変えることができる。人は言葉によって救われる。そのことを俺は経験から知っているので、これからも言葉を大切に紡いでいく。

さて。置いてきた過去から、時計の針を現在に戻してみよう。

結局はブレずに書き続けた結果が出てきたのだと思う。お袋とは今では十二分に仲が良く、初めて本当の愛を教えてくれた今の嫁と二人で、今を……一分一秒を大切に生きている。作家になるという夢も、ようやく叶《かな》えつつある。

ただ、まだ作家を名乗りたくない。目標がなくなると、歩みを止めてしまうような気がするからだ。

過去の瓜田純士に今の瓜田純士から伝えたいのは、「なんだか遠回りしたな」という一言。もう過去は完全に捨てたつもりでいる。

本書『國殺』出版を機に、新生・瓜田純士を生きると誓いたい。

俺は物書き・瓜田純士だ。そしてこの國の立派な国民だ。

これからも書き続けるとここに誓い、ラストソングを終えさせてほしい。

しかし、本当に遠回りをした。

竹書房の皆様。並びに最愛な嫁に。そして書き続けてきた昔の自分に……。

感謝しています。

長くなったが、最後に頼れるのはおのれでしかなく、すべての出来事は必ず時間が解決するということを改めて約束して筆を置かせていただく。

日本國民・瓜田純士

平成二十七年九月一日

WHERE
IS

VERY

著／瓜田純士
写真提供／江森康之
編集協力／小野田衛
カバーデザイン／橋元浩明（sowhat.Inc.）
本文ＤＴＰ／ＩＤＲ

※内容の一部に、不適切な表現がございますが、著作者の意向を尊重して、そのままとしております。ご了承ください。

國殺 ―kokusatu―
国が國を殺している

二〇一五年　十一月六日　初版第一刷発行

発行人　後藤明信
発行所　株式会社　竹書房
〒一〇二-〇〇七二
東京都千代田区飯田橋二-七-三
電話　〇三-三二六四-一五七六（代表）
電話　〇三-三二三四-六二〇一（編集）
ＵＲＬ　http://www.takeshobo.co.jp

印刷所　凸版印刷株式会社

ISBN978-4-8019-0540-5 C0095
定価はカバーに表示しています。
落丁・乱丁は当社にてお取り替えいたします。